유○○○ ○○○○으로 집대성

물품대금

지급명령 신청과
사례작성방법의 실제

편저 : 대한실무법률편찬연구회
(콘텐츠 제공)

법문북스

유형별 사례 중심으로 집대성

물품대금

지급명령 신청과 사례작성방법의 실제

편저 : 대한실무법률편찬연구회
(콘텐츠 제공)

법문북스

머 리 말

지급명령이란 대체물(대금, 물품대금 일반적 거래에 있어서 그 물건의 성질을 문제삼지 않고 동종류의 다른 물건으로 바꿀 수 있는 물건)의 지급을 목적으로 하는 청구에 관하여 채권자에게 간이·신속한 방법으로 집행권원을 얻을 수 있도록 하는 민사소송법이 마련한 특별소송절차입니다.

지급명령신청은 하나의 소송절차임에도 불구하고 소제기·변론·판결이 없다는 점, 채권자나 채무자를 소환하거나 심문을 하지 않고, 소명방법이 불필요하며, 인지액이 일반소송에 비하여 10/1밖에 되지 않고 송달료 또한 저렴하다는 점 등이 대표적인 특징입니다.

따라서 지급명령신청은 주로 서면심리에 의하고 채권자의 지급명령신청만을 근거로 하여 각하사유가 없으면 곧바로 지급명령을 발합니다.

채무자가 지급명령을 송달받고 2주일(14일) 내에 이의신청을 하지 않을 경우 지급명령은 확정되고 확정된 지급명령에는 판결과 같은 집행력이 부여됩니다.

채권자는 지급명령신청을 이용할 수도 있고, 이행의 소를 제기할 수도 있는 선택의 자유를 가집니다. 그러나 지급명령에 대하여 이의기간 내에 채무자의 이의신청이 있으면 다시 소송절차로 옮겨져 정식소송이 제기된 것으로 보며, 법원은 민사소송법 제472조에 의하여 변론기일을 지정하여 재판하게 됩니다.

지급명령신청은 채무자의 보통재판적 소재지의 지방법원, 근무지 또는 사무소 · 영업소 소재지 관할법원의 전속관할에 속하며 물품대금 청구의 경우 민사소송법 제8조에 따른 거소지 또는 의무이행지 법원이 관할법원에 추가됨에 따라 채권자는 자기의 주소지 법원에 지급명령을 신청할 수 있으므로 대여금을 회수하기 위해 강제집행을 할 수 있는 집행권원을 얻어야 하는 채권자에게 적극 권장하고 싶습니다.

대한실무법률편찬연구회   18년 7월

차 례

1장 지급명령신청 시 방법과 절차

제1절 /

지급명령신청에 대하여 꼭 알아야 할 사항

1. 지급받지 못하고 있는 물품대금에 대하여 지급명령신청을 하려면 먼저 채무자의 인적사항을 알아야 합니다.

첫째, 지급명령신청에는 공시송달을 할 수 없기 때문에 지급명령이 채무자에게 송달되지 않으면 채무자에 대한 주민등록번호를 알지 못하는 경우 주소 등을 조회할 수 없고 주소를 보정하지 못하면 지급명령신청이 각하될 수 있기 때문입니다.

둘째, 채무자의 인적사항이 지급명령에 누락된 채 지급명령이 채무자에게 송달되어 확정되었다 하더라도 후일 채무자를 상대로 강제집행을 하려고 해도 지급명령정본에 채무자의 주민등록번호가 없으면 동일인임을 증명할 수 없기 때문에 집행을 거부할 경우 강제집행을 할 수 없습니다.

2. 지급명령신청에는 사실조회신청이 허용되지 않으므로 채무자에 대한 인적사항을 제대로 알지 못하고 채무자의 기본정보 즉 휴대전화나 계좌번호나 사업자등록번호 등으로 사실조회를 하여 인적사항을 알아내야 하는 경우에는 일반소송으로 제기하는 것이 훨씬 빠르고 수월하게 해결할 수도 있습니다.

3. 대부분은 채무자의 인적사항을 모르고 지급명령신청을 하

였다가 채무자의 인적사항을 알지 못해 상당한 시일이 지나도록 지급명령정본을 채무자에게 송달하지 못하고 있다가 한참 후에서야 소제기신청을 하는 등 어려움을 겪고 시간은 시간대로 지체될 경우 지급명령은 주소를 보정하지 못하여 각하될 수도 있습니다.

4. 그래서 지급명령신청은 보충송달 등의 방법으로 지급명령을 채무자에게 송달할 수 있는 경우는 지급명령신청에 의할 수 있으나 채무자에게 공시송달만이 가능한 경우를 위하여 두 가지 길을 마련하고 있습니다.

하나는, 채권자는 법원으로부터 채무자의 주소를 보정하라는 명령을 받은 경우에 소제기신청을 할 수 있으며,

또 하나는 지급명령을 채무자에게 공시송달에 의하지 아니하고는 송달할 수 없거나 외국으로 송달하여야 할 경우 법원은 직권에 의한 결정으로 사건을 소송절차에 부칠 수 있습니다.

5. 소제기신청으로 지급명령신청 사건이 본안법원으로 옮겨진 경우 본안법원의 재판장은 채권자가 공시송달에 의한 판결을 받을 목적으로 소제기신청을 하고 채무자의 주민등록이 직권 말소되어 공시송달의 요건을 갖추고 있는 경우 바로 변론기일을 지정하고 공시송달 할 것을 명하고 변론을 종결할 수 있도록 준비할 것을 명하여야 합니다.

제2절 /

관할법원에 대하여,

　지급명령신청의 관할법원은 채무자의 보통재판적이 있는 곳의 지방법원이나 민사소송법 제7조 근무지, 제8조 거소지 또는 의무이행지, 제9조 어음 또는 수표의 지급지, 제12조 사무소 또는 영업소 소재지, 또는 제18조 불법행위지를 관할하는 지방법원의 전속관할로 되어 있습니다.(민사소송법 제463조 참조)

　지급명령신청의 사물관할은 소송목적의 값과 관계없이 단독사건으로 시법원이나 군법원이 설치된 경우는 그 곳의 판사(법원조직법 제34조 제1항 제2호 참조) 또는 지방법원 또는 지원의 경우 사법보좌관(법원조직법 제54조 제2항 제1호 참조)의 업무에 속합니다.

　민사소송법 제8조에 따른 거소지 또는 의무이행지(물품대금은 대체물로서 지참재무의 원칙을 채택하고 있기 때문에 민법 제467조, 상법 제56조 참조) 법원이 관할법원으로 추가됨에 따라 채권자는 자기의 주소지 지방법원이나 지원 또는 시법원이나 군법원에 지급명령신청을 할 수 있습니다.

　현재 법원의 전산정보처리시스템에 의하여 지급명령신청을 전자적 처리로 절차가 진행되고 있으나 직접 전자독촉에서 지급명령신청을 작성하여야 합니다.

그러나 관련사건의 관할(제25조), 합의관할(제29조), 변론관할(제30조) 등의 규정은 적용되지 않습니다.

다만, 예외적으로 방문판매등에관한법률 제57조(독점규제 및 공정거래에 관한 법률의 준용), 할부거래에관한법률 제16조(소비자의 항변권)가 각기 소비자를 보호하기 위하여 소비자(매수인)의 주소, 거소지 관할법원을 전속관할로 규정하고 있습니다.

지급명령신청은 위에서 본 전속관할을 위반하면 독촉절차의 특성에 따라 관할법원으로 이송하지 않고 각하합니다.

지급명령신청은 청구금액에 제한이 없이 지방법원이나 지방법원지원에서는 단독판사 또는 사법보좌관이 담당하고, 시법원이나 군법원에서도 지급명령신청을 처리합니다.

제3절 /

지급명령신청 시 첨부하는 인지대 계산에 대하여,

    지급명령신청에는 제1심 소장에 붙일 인지의 10분지 1에 해당하는 인지를 붙여야 합니다.

    지급명령신청에 붙여야할 인지액 계산은 소제기에 준하여 소송목적의 값을 정하고 이에 따른 인지액을 아래와 같이 산출한 후 그 10분의 1에 해당하는 인지를 지급명령신청에 붙이면 됩니다.

    다만, 대법원 규칙이 정하는 바에 의하여 인지의 첨부에 갈음하여 당해 인지액 상당의 금액을 현금이나 신용카드 또는 직불카드 등으로 납부하게 할 수 있는바, 현행 규정으로는 지급명령신청에 첨부할 인지액이 10,000원 이상일 경우에는 현금으로 납부하여야 하고, 또한 인지액 상당의 금액을 현금으로 납부할 경우 이를 수납은행 또는 인지납부대행기관의 인터넷 홈페이지에서 인지납부대행기관을 통하여 신용카드 등으로도 납부할 수 있습니다.(민사소송 등 인지규칙 제27조 제1항 및 제28조의2 제1항).

    1. 소송목적의 값이 1,000만 원 미만의 경우
소가×0.005÷10 = 인지액입니다.
    예를 들어 청구금액이 9,876,543원이면 9,876,543×0.005÷10 = 4,938원이 되는데 여기서 끝부분 100원 미만을 버리면 실제 납부할 인지는 4,900원이 됩니다.

2. 소송목적의 값이 1,000만 원 이상 1억 원 미만의 경우
소가×0.0045+5,000÷10 = 인지액입니다.

예를 들어 청구금액이 22,972,500원이면 22,972,500×0.0045
+5,000÷10= 10,037원이 되는데 여기서 끝부분 100원 미만을 버
리면 실제 납부할 인지는 10,800원이 됩니다.

3. 소송목적의 값이 1억 원 이상 10억 원 미만의 경우
소가×0.0040+55,000÷10 = 인지액입니다.

예를 들어 청구금액이 876,123,871원이면 876,123,871×0.0040
+55,000÷10= 355,949원이 되는데 여기서 끝부분 100원 미만을 버
리면 실제 납부할 인지는 355,900원이 됩니다.

4. 소송목적의 값이 10억 원 이상 청구금액에 제한이 없음
소가×0.0035+555,000÷10 = 인지액입니다.

예를 들어 청구금액이 3,123,987,345원이면 3,123,987,345×0.0035
+555,000÷10= 1,148,895원이 되는데 여기서 끝부분 100원 미만을 버
리면 실제 납부할 인지는 1,148,800원이 됩니다.

산출된 인지액이 1,000원 미만인 때에는 1,000원의 인지를 붙
여야 하고, 1,000원 이상인 경우 100원 미만의 단수가 있는 때에
는 그 단수는 계산하지 아니합니다.(인지법 제7조 제4항, 제2조
제2항 참조)

제4절 /

지급명령신청 시 예납하는 송달료 계산에 대하여,

지급명령신청에는 송달료를 예납하여야 합니다.

송달료 1회분은 4,500원입니다.

지급명령신청 시에는 송달료규칙처리에 따른 예규에 의하면 당사자 1인당 6회분을 예납시키고 있습니다.

송달료 계산은 청구금액에 관계없이 채권자1인 채무자1인을 기준으로 하여 각 6회분씩 총 12회분의 금 54,000원의 송달료를 예납하고 그 납부서를 지급명령신청에 첨부하면 됩니다.

여기서 당사자 1인 추가 시 추가 1인당 6회분의 금 27,000원의 송달료를 기준금액에 합산한 금액을 납부하여 지급명령신청에 첨부하면 됩니다.

예를 들어 채권자1인 채무자3인의 경우 6회분×4인의 총 24회분의 금 108,000원의 송달료를 예납하고 그 납부서를 지급명령신청에 첨부하면 됩니다.

제5절 /

지급명령절차

가, 지급명령 심리

지급명령은 각하사유가 없으면 곧바로 지급명령을 발합니다. 지급명령은 채권자의 일방적인 주장 만에 의하여 지급명령을 발하기 때문에 지급명령이 송달된 후 채무자는 이의신청을 할 수 있고, 채무자의 이의신청이 있으면 지급명령신청은 통상의 소송절차로 바뀌게 됩니다.

다시 말하자면 지급명령은 채권자의 소명도 필요 없으며, 법원으로서는 지급명령신청에 표시된 청구취지와 청구원인만을 근거로 하여 지급명령을 발하게 됩니다.

그러므로 지급명령은 채권자의 지급명령신청에 의한 채무자에의 이행명령으로서 그 명칭은 지급명령이고 성질은 지급명령결정입니다.

지급명령신청에 대한 심리는 주로 서면심리에 의합니다. 즉 지급명령신청서를 심사하여 기재사항의 누락, 인지, 송달료의 부족 등 흠이 있는 경우 보정할 수 없는 흠에 대하여는 바로 각하하고, 보정할 수 있는 흠에 대하여는 기간을 정하여 보정을 명하고 불응할 때에는 각하합니다.

　나, 지급명령정본 채무자에게 송달

　　　법원에서는 지급명령이 발령되면 지급명령정본은 독촉절차 안내서와 함께 채무자에게 먼저 송달하고, 지급명령이 채무자에게 적법하게 송달되면 재판사무시스템에 송달일자를 공증하고, 이어서 지급명령이 확정판결과 같은 효력을 가지게 된 때에는 재판사무시스템이 확정일자를 공증합니다.

　　　위의 경우 법원에서는 지급명령정본의 채무자 표시 옆으로 송달일자와 확정일자가 표시된 지급명령의 정본 표지를 전산 출력하여 날인하는 방식으로 채권자에게 송달할 정본을 작성하여 채권자에게 송달합니다.

　　　이때 채권자는 법원으로부터 지급명령정본을 송달받으면 바로 채무자를 상대로 강제집행을 실시할 수 있습니다.

　다, 주소보정

　　　법원은 채무자에 대하여 지급명령정본이 송달불능 된 때에는 채권자에게 주소보정을 하게 됩니다.

라, 소제기신청

　　채권자는 법원으로부터 채무자의 주소에 대한 보정명령을 받은 경우 소제기신청을 할 수 있습니다.

　　지급명령신청은 채권자의 소제기신청에 의하여 사건이 소송으로 이행되고 채권자가 보정명령에 따라 인지를 보정하면 관할법원으로 송부합니다.

마, 본안법원에서의 공시송달

　　본안법원의 재판장은 채권자가 공시송달에 의한 판결을 받을 목적으로 소제기신청을 하고, 채무자의 주민등록이 직권 말소되어 공시송달의 요건을 갖추고 있는 경우 공시송달 할 것을 명하고 변론을 종결할 수 있도록 준비할 것을 명하여야 합니다.

바, 지급명령신청의 각하

　　다음의 경우에는 지급명령신청을 각하하여야 합니다.

　　첫째, 관할에 위반한 때(민사소송법 제463조)로, 독촉사건의 관할은 전속관할이므로 채무자의 보통재판적 소재지. 근무지, 거소지 또는 의무이행지, 어음·수표의 지급지, 사무소·영업소가 있는 사람에 대하여 그 사무소 또는 영업소, 불법행위지

외의 관할을 원인으로 한 관할위반은 이송할 것이 아니라 각하하여야 합니다.

둘째, 독촉절차가 적용될 수 없는 청구권에 대한 지급명령신청일 때(민사소송법 제462조 본문), 말하자면 특정물인도청구, 소유권이전등기청구, 채무부존재확인청구 등에 관하여 지급명령신청을 한 때입니다.

셋째, 지급명령신청의 취지로 보아 청구에 정당한 이유가 없는 것이 명백한 때에는 지급명령신청을 각하하여야 합니다. 예컨대 이자제한법에 위배된 청구인 때에도 각하할 사유에 해당합니다. 청구의 일부에 대하여 지급명령을 할 수 없는 때에 그 일부에 대하여도 각하하여야 합니다.

넷째, 지급명령을 공시송달에 의하지 아니하고는 송달할 수 없는 경우 청구원인을 소명하여야 하고 청구원인의 소명이 없는 때에는 결정으로 그 지급명령신청을 각하하여야 합니다.

사, 지급명령에 대한 이의신청

채무자는 지급명령정본을 송달받은 날부터 2주일(14일) 이내에 이의신청을 할 수 있습니다.

지급명령에 대하여 이의신청이 있으면 지급명령은 그 범

위 내에서 실효되고 이의 신청된 청구목적의 값에 한하여 지급명령신청 시에 소의 제기가 있는 것으로 간주하여 바로 소송절차로 옮겨집니다.

이의신청에는 특별한 방법이 없으므로 지급명령에 응할 이유가 없다는 취지만 명시되면 족하고 불복의 이유나 방어방법까지 이의신청에서 밝힐 필요는 없습니다.

아, 지급명령의 확정

지급명령에 대하여 이의신청이 없는 경우 지급명령은 확정판결과 같은 효력이 있습니다.

또한 채무자가 이의신청을 취하하였거나 이의신청이 각하되어 확정된 때에도 지급명령은 그와 같은 효력이 발생합니다.

다만, 여기서 말하는 확정판결과 같은 효력이 있다는 것은 집행력을 의미하는 것이지 판결과 같은 기판력이 지급명령에 인정되는 것은 아닙니다.

제6절 지급명령신청 실전 사례

【지급명령신청서1】 물품대금청구 사과를 판매하였으나 그 대금을 지급하지 않아 상
법에서 정한 이자와 원금을 청구하는 사례

지급명령신청서

채 권 자 : ○   ○   ○

채 무 자 : ○   ○   ○

소송물 가액금	금 12,000,000원	
첨부할 인지액	금 5,900원	
첨부한 인지액	금 5,900원	
납부한 송달료	금 54,000원	
비 고		

의성지원 청송군법원 귀중

지급명령신청서

1. 채권자

성 명	○ ○ ○	주민등록번호	생략
주 소	경상북도 청송군 청송읍 ○○로 ○○,(월막리 ○○호)		
직 업	농업	사무실 주 소	생략
전 화	(휴대폰) 010 - 9981 - 0000		
대리인에 의한 신 청	☐ 법정대리인 (성명 : , 연락처) ☐ 소송대리인 (성명 : 변호사, 연락처)		

2. 채무자

성 명	○ ○ ○	주민등록번호	생략
주 소	경상북도 의성군 의성읍 ○○길 ○○,(중리리 ○○호)		
직 업	상업	사무실 주 소	생략
전 화	(휴대폰) 010 - 1265 - 0000		
기타사항	이 사건 채무자입니다.		

3. 물품대금 청구의 독촉사건

신청취지

채무자는 채권자에게 금 12,000,000원 및 이에 대한 ○○○○. ○○. ○○.부터 지급명령정본이 채무자에게 송달된 날까지는 연 6%의, 그 다음날부터 다 갚는 날까지 연 15%의 각 비율에 의한 금액 및 아래 독촉절차비용을 합한 금액을 지급하라는 지급명령을 구합니다.

                    - 아   래 -

    금   59,900 원   독촉절차비용

                    - 내   역 -

    금   5,900 원   수입인지
    금   54,000 원   송달료

신 청 이 유

1. 채권자는 주소지에서 청송사과를 재배해 판매하는 농민이며, 채무자는 주소지에서 농산물소매점을 운영하고 있습니다.

2. 채권자는 채무자의 주문에 의하여 채권자가 재배한 청송사과를 ○○○○. ○○. ○○. 금 12,000,000원에 거래명세표와 같이 판매하였으나, 채무자는 농산물의 인수와 동시에 지급하기로 한 위 물품대금을 차일피일 지체하면서 현재에 이르기까지 지급하지 않고 있습니다.

3. 따라서 채권자는 채무자로부터 위 물품대금 12,000,000원 및 사과를 판매한 그 다음날인 ○○○○. ○○. ○○.부터 지급명령정본이 송달된 날까지는 상법에서 정한 연 6%의, 그 다음날부터 다 갚는 날까지는 소송촉진 등에 관한 특례법에서 정한

연 15%의 비율에 의한 지연손해금 및 독촉절차비용을 합한 금액의 지급을 받기 위하여 이 사건 지급명령신청에 이른 것입니다.

소명자료 및 첨부서류

1. 소 갑제1호증   거래명세표
1. 소 갑제2호증   인수증
1. 송달료납부서
1. 인지납부확인서

○○○○ 년 ○○ 월 ○○ 일

위 채권자 : ○ ○ ○ (인)

의성지원 청송군법원 귀중

당사자표시

1. 채권자

성 명	○ ○ ○	주민등록번호	생략
주 소	경상북도 청송군 청송읍 ○○로 ○○,(월막리 ○○호)		
직 업	농업	사무실 주 소	생략
전 화	(휴대폰) 010 - 9981 - 0000		
대리인에 의한 신 청	□ 법정대리인 (성명 : , 연락처) □ 소송대리인 (성명 : 변호사, 연락처)		

2. 채무자

성 명	○ ○ ○	주민등록번호	생략
주 소	경상북도 의성군 의성읍 ○○길 ○○,(중리리 ○○호)		
직 업	상업	사무실 주 소	생략
전 화	(휴대폰) 010 - 1265 - 0000		
기타사항	이 사건 채무자입니다.		

3. 물품대금 청구의 독촉사건

신청취지

채무자는 채권사에게 금 12,000,000원 및 이에 대한 ○○○○.
○○. ○○.부터 지급명령정본이 채무자에게 송달된 날까지는 연
6%의, 그 다음날부터 다 갚는 날까지 연 15%의 각 비율에 의한

금액 및 아래 독촉절차비용을 합한 금액을 지급하라는 지급명령
을 구합니다.

- 아   래 -

　금　　59,900 원　　　　　독촉절차비용

- 내   역 -

　금　　　5,900 원　　　　　수입인지
　금　　54,000 원　　　　　송달료

신 청 이 유

1. 채권자는 주소지에서 청송사과를 재배해 판매하는 농민이며,
   채무자는 주소지에서 농산물소매점을 운영하고 있습니다.

2. 채권자는 채무자의 주문에 의하여 채권자가 재배한 청송사과를
   ○○○○. ○○. ○○. 금 12,000,000원에 거래명세표와 같이
   판매하였으나, 채무자는 농산물의 인수와 동시에 지급하기로
   한 위 물품대금을 차일피일 지체하면서 현재에 이르기까지 지
   급하지 않고 있습니다.

3. 따라서 채권자는 채무자로부터 위 물품내금 12,000,000원 및
   사과를 판매한 그 다음날인 ○○○○. ○○. ○○.부터 지급명
   령정본이 송달된 날까지는 상법에서 정한 연 6%의, 그 다음날
   부터 다 갚는 날까지는 소송촉진 등에 관한 특례법에서 정한

연 15%의 비율에 의한 지연손해금 및 독촉절차비용을 합한 금액의 지급을 받기 위하여 이 사건 지급명령신청에 이른 것입니다.

- 끝 -

접수방법

1. 관할법원

이 사건은 물품대금을 청구하는 사건이므로 의무이행지인 채권자의 주소지인 대구지방법원 의성지원 청송군법원이 관할법원이이고, 채무자의 보통재판적 주소지인 대구지방법원 의성지원도 관할법원이므로 채권자는 편리한 곳을 선택하여 지급명령신청을 하여도 됩니다.

대구지방법원 의성지원 청송군법원
경상북도 청송군 청송읍 중앙로 319,(월막리 69-5)
전화번호 054) 873 - 6043

대구지방법원 의성지원
경상북도 의성군 의성읍 군청길 67,(중리리 748-7)
전화번호 054) 830 - 8030

2. 수입인지 계산

이 사건은 청구금액이 금 12,000,000이므로 12,000,000×0.045+5,000÷10= 5,900원입니다.

산출된 인지액이 1,000원 미만인 때에는 1,000원의 인지를 붙여야 하고, 1,000원 이상인 경우 100원 미만의 단수가 있는 때에는 그 단수는 계산하지 아니합니다.

3. 송달료금 계산

송달료는 1회분이 5,400원입니다.
이 사건은 채권자1인 채무자1인이므로 각 6회분씩 총 12회분의 금 54,000원이 됩니다.

4. 준비서류

1) 지급명령신청서 1통, 2) 당사자표시 3통, 3) 수입인지 납부서 1통, 4) 송달료 납부서 1통, 5) 소 갑제1호증 거래명세표 6) 소 갑제2호증 인수증 첨부

5. 제출하는 방법

채권자는 지급명령신청서에 소 갑제1호증 거래명세표, 소 갑제2호증 인수증을 첨부하여 1통을 프린트하고 이어서 당사자표시 3통을 작성하시고

대구지방법원 의성지원 청송군법원에 접수하실 경우 청송군법원에서는 법원 안에 수납은행이 상주하지 않으므로 먼저 청송군법원 전화번호 054) 873-6043으로 전화하여 인지와 송달료의 수납은행을 알려달라고 하여 이동하시면 아마 청송군법원과 가까운 곳으

로 수납은행을 안내하면 그 수납은행의 창구에 인지(소송등 인지의 현금납부서) 3장으로 구성된 것을 작성하고 송달료(예납·추납)납부서 3장으로 구성된 것을 같이 작성해 내시면 수납창구에서 인지에 대해서는 소송등 인지의 현금영수필확인서와 같은 영수증을 돌려주고 송달료에 대해서는 법원제출용과 영수증을 주면 영수증은 잘 보관하시고 청송군법원으로 가서 지급명령신청 독촉계에 내시면 '차' 자로 된 사건번호를 적어오면 그 다음날 오후부터 대법원 나의 사건 검색창에서 위 사건번호로 사건진행상황을 확인할 수 있습니다.

대구지방법원 의성지원에 접수하실 경우 의성지원 안에 수납은행이 상주하고 있으므로 그 수납은행의 창구에 인지(소송등 인지의 현금납부서) 3장으로 구성된 것을 작성하고 송달료(예납·추납)납부서 3장으로 구성된 것을 같이 작성해 내시면 수납창구에서 인지에 대해서는 소송등 인지의 현금영수필확인서와 같은 영수증을 돌려주고 송달료에 대해서는 법원제출용과 영수증을 주면 영수증은 잘 보관하시고 의성지원으로 가서 지급명령신청 독촉계에 내시면 '차' 자로 된 사건번호를 적어오면 그 다음날 오후부터 대법원 나의 사건 검색창에서 위 사건번호로 사건진행상황을 확인할 수 있습니다.

또한 직접 법원으로 가실 수 없는 경우에는 위와 같이 지급명령신청서 1통, 당사자표시 3통을 작성하여 전국 어디서나 신한은행에 가시면 소송등 인지의 현금납부서와 송달료를 납부할 수가 있고 신한은행이 없는 지역은 농협은행이 대부분 수납은행 업무를 보고 있는 곳이 있으므로 이를 수납하고 가까운 우체국으로 가서 위 해당하는 법원의 독촉사건 담당자 앞으로 등기우편으로 보내신 후 3일 후 접수한 법원으로 전화하여 사건번호를 물어보시면 사건 번호를 알려줍니다.

지급명령신청서

채 권 자 : ○   ○   ○

채 무 자 : ○   ○   ○

소송물 가액금	금	52,000,000원
첨부할 인지액	금	23,900원
첨부한 인지액	금	23,900원
납부한 송달료	금	54,000원
비 고		

순천지원 여수시법원 귀중

지급명령신청서

1. 채권자

성 명	○ ○ ○	주민등록번호	생략
주 소	전라남도 여수시 ○○○로 ○○, ○○○-○○○호		
직 업	상업	사무실 주 소	생략
전 화	(휴대폰) 010 - 4478 - 0000		
대리인에 의한 신 청	□ 법정대리인 (성명 : , 연락처) □ 소송대리인 (성명 : 변호사, 연락처)		

2. 채무자

성 명	○ ○ ○	주민등록번호	생략
주 소	전라남도 순천시 ○○로 ○○길 ○○, ○○○호		
직 업	상업	사무실 주 소	생략
전 화	(휴대폰) 010 - 9012 - 0000		
기타사항	이 사건 채무자입니다.		

3. 물품대금 청구의 독촉사건

신청취지

채무자는 채권자에게 금 52,000,000원 및 이에 대한 ○○○○. ○○. ○○.부터 지급명령정본이 채무자에게 송달된 날까지는 연 6%의, 그 다음날부터 다 갚는 날까지 연 15%의 각 비율에 의한 금액

및 아래 독촉절차비용을 합한 금액을 지급하라는 지급명령을 구합
니다.

- 아 래 -

금   77,900 원   독촉절차비용

- 내 역 -

금   23,900 원   수입인지
금   54,000 원   송달료

신청이유

1. 채권자는 주소지에서 섬유원단을 판매하는 상인이며, 채무자는
   주소지에서 순천 ○○섬유라는 상호로 채권자 등으로부터 섬
   유원단을 공급받아 판매하는 소매업을 하고 있습니다.

2. 채권자는 ○○○○. ○○. ○○. 채무자의 주문에 의하여 채권
   자가 취급하는 여성용 안감원단을 금 60,000,000원에 판매하
   기로 하고 공급하였으나 채무자는 ○○○○. ○○. ○○. 금
   8,000,000원만 지급하고 원단인수와 동시 대금을 지급하기로
   하였던 것인데 현재에 이르기까지 금 52,000,000원을 지급하
   지 않고 있습니다.

3. 이에 채권자는 채무자에게 휴대전화로 독촉하거나 채무자가 운

영하는 점포로 수도 없이 찾아가 지급을 독촉하였으나 차일피일 지체하면서 지급하지 않고 있습니다.

4. 따라서 채권자는 채무자로부터 위 물품대금 52,000,000원 및 여성용 안감원단을 판매한 그 다음날인 ○○○○. ○○. ○○. 부터 지급명령정본이 송달된 날까지는 상법에서 정한 연 6%의, 그 다음날부터 다 갚는 날까지는 소송촉진 등에 관한 특례법에서 정한 연 15%의 비율에 의한 지연손해금 및 독촉절차비용을 합한 금액의 지급을 받기 위하여 이 사건 지급명령신청에 이른 것입니다.

소명자료 및 첨부서류

1. 소 갑제1호증   거래명세표
1. 소 갑제2호증   내용증명서
1. 송달료납부서
1. 인지납부확인서

○○○○ 년 ○○ 월 ○○ 일

위 채권자 : ○ ○ ○   (인)

순천지원 여수시법원 귀중

당사자표시

1. 채권자

성 명	○ ○ ○	주민등록번호	생략
주 소	전라남도 여수시 ○○○로 ○○, ○○○-○○○호		
직 업	상업	사무실 주 소	생략
전 화	(휴대폰) 010 - 4478 - 0000		
대리인에 의한 신 청	☐ 법정대리인 (성명 : , 연락처) ☐ 소송대리인 (성명 : 변호사, 연락처)		

2. 채무자

성 명	○ ○ ○	주민등록번호	생략
주 소	전라남도 순천시 ○○로 ○○길 ○○, ○○○호		
직 업	상업	사무실 주 소	생략
전 화	(휴대폰) 010 - 9012 - 0000		
기타사항	이 사건 채무자입니다.		

3. 물품대금 청구의 독촉사건

신청취지

채무자는 채권자에게 금 52,000,000원 및 이에 대한 ○○○○. ○
○. ○○.부터 지급명령정본이 채무자에게 송달된 날까지는 연 6%
의, 그 다음날부터 다 갚는 날까지 연 15%의 각 비율에 의한 금액

및 아래 독촉절차비용을 합한 금액을 지급하라는 지급명령을 구합
니다.

- 아   래 -

금   77,900 원   독촉절차비용

- 내   역 -

금   23,900 원   수입인지
금   54,000 원   송달료

신청이유

1. 채권자는 주소지에서 섬유원단을 판매하는 상인이며, 채무자
   는 주소지에서 순천 ○○섬유라는 상호로 채권자 등으로부터
   섬유원단을 공급받아 판매하는 소매업을 하고 있습니다.

2. 채권자는 ○○○○. ○○. ○○. 채무자의 주문에 의하여 채권
   자가 취급하는 여성용 안감원단을 금 60,000,000원에 판매하기
   로 하고 공급하였으나 채무자는 ○○○○. ○○. ○○. 금
   8,000,000원만 지급하고 원단인수와 동시 대금을 지급하기로
   하였던 것인데 현재에 이르기까지 금 52,000,000원을 지급하지
   않고 있습니다.

3. 이에 채권자는 채무자에게 휴대전화로 독촉하거나 채무자가

운영하는 점포로 수도 없이 찾아가 지급을 독촉하였으나 차일피일 지체하면서 지급하지 않고 있습니다.

4. 따라서 채권자는 채무자로부터 위 물품대금 52,000,000원 및 여성용 안감원단을 판매한 그 다음날인 ○○○○. ○○. ○○. 부터 지급명령정본이 송달된 날까지는 상법에서 정한 연 6%의, 그 다음날부터 다 갚는 날까지는 소송촉진 등에 관한 특례법에서 정한 연 15%의 비율에 의한 지연손해금 및 독촉절차비용을 합한 금액의 지급을 받기 위하여 이 사건 지급명령신청에 이른 것입니다.

- 끝 -

접수방법

1. 관할법원

이 사건은 물품대금을 청구하는 사건이므로 의무이행지인 채권자의 주소지인 광주지방법원 순천지원 여수시법원이 관할법원이이고, 채무자의 보통재판적 주소지인 광주지방법원 순천지원도 관할법원이므로 채권자는 편리한 곳을 선택하여 지급명령신청을 하여도 됩니다.

광주지방법원 순천지원 여수시법원
전라남도 여수시 망마로 26,(학동 97-1)
전화번호 061) 681 - 1688

광주지방법원 순천지원
전라남도 순천시 왕지로 21,(왕지동)
전화번호 061) 729 - 5114

2. 수입인지 계산

이 사건은 청구금액이 금 52,000,000이므로 52,000,000×0.045+5,000÷10= 23,900원입니다.

산출된 인지액이 1,000원 미만인 때에는 1,000원의 인지를 붙여야 하고, 1,000원 이상인 경우 100원 미만의 단수가 있는 때에는 그 단수는 계산하지 아니합니다.

3. 송달료금 계산

송달료는 1회분이 5,400원입니다.

이 사건은 채권자1인 채무자1인이므로 각 6회분씩 총 12회분의 금 54,000원이 됩니다.

4. 준비서류

1) 지급명령신청서 1통, 2) 당사자표시 3통, 3) 수입인지 납부서 1통, 4) 송달료 납부서 1통, 5) 소 갑제1호증 거래명세표 6) 소 갑제2호증 내용증명서 첨부

5. 제출하는 방법

채권자는 지급명령신청서에 소 갑제1호증 거래명세표, 소 갑제2호증 내용증명서를 첨부하여 1통을 프린트하고 이어서 당사자표시 3통을 작성하시고

광주지방법원 순천지원 여수시법원에 접수하실 경우 여수시법원에서는 법원 안에 수납은행이 상주하지 않으므로 먼저 여수시법원 전화번호 061) 681-1688으로 전화하여 인지와 송달료의 수납은행을 알려달라고 하여 이동하시면 아마 청송군법원과 가까운 곳으

로 수납은행을 안내하면 그 수납은행의 창구에 인지(소송등 인지의 현금납부서) 3장으로 구성된 것을 작성하고 송달료(예납·추납)납부서 3장으로 구성된 것을 같이 작성해 내시면 수납창구에서 인지에 대해서는 소송등 인지의 현금영수필확인서와 같은 영수증을 돌려주고 송달료에 대해서는 법원제출용과 영수증을 주면 영수증은 잘 보관하시고 여수시법원으로 가서 지급명령신청 독촉계에 내시면 '차' 자로 된 사건번호를 적어오면 그 다음날 오후부터 대법원 나의 사건 검색창에서 위 사건번호로 사건진행상황을 확인할 수 있습니다.

광주지방법원 순천지원에 접수하실 경우 의성지원 안에 수납은행이 상주하고 있으므로 그 수납은행의 창구에 인지(소송등 인지의 현금납부서) 3장으로 구성된 것을 작성하고 송달료(예납·추납)납부서 3장으로 구성된 것을 같이 작성해 내시면 수납창구에서 인지에 대해서는 소송등 인지의 현금영수필확인서와 같은 영수증을 돌려주고 송달료에 대해서는 법원제출용과 영수증을 주면 영수증은 잘 보관하시고 순천지원으로 가서 지급명령신청 독촉계에 내시면 '차' 자로 된 사건번호를 적어오면 그 다음날 오후부터 대법원 나의 사건 검색창에서 위 사건번호로 사건진행상황을 확인할 수 있습니다.

또한 직접 법원으로 가실 수 없는 경우에는 위와 같이 지급명령신청서 1통, 당사자표시 3통을 작성하여 전국 어디서나 신한은행에 가시면 소송등 인지의 현금납부서와 송달료를 납부할 수가 있고 신한은행이 없는 지역은 농협은행이 대부분 수납은행 업무를 보고 있는 곳이 있으므로 이를 수납하고 가까운 우체국으로 가서 위 해당하는 법원의 독촉사건 담당자 앞으로 등기우편으로 보내신 후 3일 후 접수한 법원으로 전화하여 사건번호를 물어보시면 사건번호를 알려줍니다.

【지급명령신청서3】 물품대금청구 식자재를 건축현장에 보증인을 세우고 납품하였으나 그 대금을 지급하지 않아 채무자와 보증인을 상대로 지급을 청구하는 사례

지급명령신청서

채 권 자 : ○   ○   ○

채 무 자 : ○   ○   ○ 외1

소송물 가액금	금	87,000,000원
첨부할 인지액	금	39,600원
첨부한 인지액	금	39,600원
납부한 송달료	금	81,000원
비 고		

청주지방법원 독촉계 귀중

지급명령신청서

1. 채권자

성 명	○ ○ ○		주민등록번호	생략
주 소	청주시 ○○구 ○○로 ○○, ○○○-○○○○호			
직 업	개인사업	사무실 주 소	생략	
전 화	(휴대폰) 010 - 2333 - 0000			
기타사항	이 사건 채권자입니다.			

2. 채무자1

성 명	○ ○ ○		주민등록번호	생략
주 소	충청북도 영동군 ○○로 ○○, ○○○-○○○호			
직 업	상업	사무실 주 소	생략	
전 화	(휴대폰) 010 - 2498 - 0000			
기타사항	이 사건 채무자1입니다.			

채무자2

성 명	○ ○ ○		주민등록번호	생략
주 소	충청북도 보은군 보은읍 ○○로 ○○, ○○○호			
직 업	상업	사무실 주 소	생략	
전 화	(휴대폰) 010 - 7765 - 0000			
기타사항	이 사건 채무자2입니다.			

3. 물품대금 청구의 독촉사건

신청취지

채무자들은 연대하여 채권자에게 금 87,000,000원 및 이에 대한 지급명령정본이 송달된 그 다음날부터 다 갚는 날까지는 연 15%의 각 비율에 의한 금원 및 아래 독촉절차비용을 합한 금액을 지급하라는 지급명령을 구합니다.

- 아 래 -

금   120,600 원   독촉절차비용

- 내 역 -

금   39,600 원   수입인지
금   81,000 원   송달료

신청이유

1. 채권자는 주소지에서 ○○상사라는 상호로 건축자재를 공급 또는 판매하는 개인사업자이고 채무자1은 주소지에서 ○○건축 이라는 상호로 주택을 건축하는 자이고 채무자2는 채권자가 채무자1에게 공급하는 건축자재대금에 대하여 채무자1의 보증인입니다.

2. 채권자는 채무자1에게 채무자2의 보증아래 채권자가 취급하는 건축자재를 ○○○○. ○○. ○○.부터 ○○○○. ○○. ○○.

까지 총 72회에 걸쳐 별지 거래명세서와 같이 총 금 87,000,000
원의 판매하였으나 채무자들은 지급하지 않고 있습니다.

3. 이에 채권자는 채무자1과 채무자2에게 공사현장으로 또는 전
   화로 수차례에 걸쳐 위 물품대금의 지급을 독촉하였으나 현재
   에 이르기까지 차일피일 지체하면서 이를 변제하지 않고 있습
   니다.

4. 따라서 채권자는 채무자들로부터 위 물품대금 87,000,000원 및
   이에 대한 이 사건 지급명령결정정본을 송달받은 그 다음날부
   터 다 갚는 날까지는 소송촉진 등에 관한 특례법에서 정한 연
   15%의 비율에 의한 이자, 지연손해금 및 독촉절차비용을 합
   한 금액의 지급을 받기 위하여 이 사건 지급명령신청에 이른
   것입니다.

소명자료 및 첨부서류

1. 소 갑제1호증   거래명세서
1. 소 갑제2호증   물품인수증
1. 송달료납부서
1. 인지납부확인서

○○○○ 년 ○○ 월 ○○ 일

위 채권자 : ○ ○ ○　(인)

청주지방법원 독촉계 귀중

당사자표시

1. 채권자

성 명	○ ○ ○	주민등록번호	생략
주 소	청주시 ○○구 ○○로 ○○, ○○○-○○○○호		
직 업	개인사업	사무실 주 소	생략
전 화	(휴대폰) 010 - 2333 - 0000		
기타사항	이 사건 채권자입니다.		

2. 채무자1

성 명	○ ○ ○	주민등록번호	생략
주 소	충청북도 영동군 ○○로 ○○, ○○○-○○○호		
직 업	상업	사무실 주 소	생략
전 화	(휴대폰) 010 - 2498 - 0000		
기타사항	이 사건 채무자1입니다.		

채무자2

성 명	○ ○ ○	주민등록번호	생략
주 소	충청북도 보은군 보은읍 ○○로 ○○, ○○○호		
직 업	상업	사무실 주 소	생략
전 화	(휴대폰) 010 - 7765 - 0000		
기타사항	이 사건 채무자2입니다.		

3. 물품대금 청구의 독촉사건

신청취지

채무자들은 연대하여 채권자에게 금 87,000,000원 및 이에 대한 지급명령정본이 송달된 그 다음날부터 다 갚는 날까지는 연 15%의 각 비율에 의한 금원 및 아래 독촉절차비용을 합한 금액을 지급하라는 지급명령을 구합니다.

- 아 래 -

금   120,600 원   독촉절차비용

- 내 역 -

금   39,600 원   수입인지
금   81,000 원   송달료

신청이유

1. 채권자는 주소지에서 ○○상사라는 상호로 건축자재를 공급 또는 판매하는 개인사업자이고 채무자1은 주소지에서 ○○건축이라는 상호로 주택을 건축하는 자이고 채무자2는 채권자가 채무자1에게 공급하는 건축자재대금에 대하여 채무자1의 보증인입니다.

2. 채권자는 채무자1에게 채무자2의 보증아래 채권자가 취급하는

건축자재를 ○○○○. ○○. ○○.부터 ○○○○. ○○. ○○. 까지 총 72회에 걸쳐 별지 거래명세서와 같이 총 금 87,000,000원의 판매하였으나 채무자들은 지급하지 않고 있습니다.

3. 이에 채권자는 채무자1과 채무자2에게 공사현장으로 또는 전화로 수차례에 걸쳐 위 물품대금의 지급을 독촉하였으나 현재에 이르기까지 차일피일 지체하면서 이를 변제하지 않고 있습니다.

4. 따라서 채권자는 채무자들로부터 위 물품대금 87,000,000원 및 이에 대한 이 사건 지급명령결정정본을 송달받은 그 다음날부터 다 갚는 날까지는 소송촉진 등에 관한 특례법에서 정한 연 15%의 비율에 의한 이자, 지연손해금 및 독촉절차비용을 합한 금액의 지급을 받기 위하여 이 사건 지급명령신청에 이른 것입니다.

- 끝 -

접수방법

1. 관할법원

　위 사건은 물품대금 청구사건이므로 의무이행지인 채권자의 주소지인 청주지방법원도 관할법원이고, 채무자1의 보통재판적 주소지인 청주지방법원 영동지원도 관할법원이고 채무자2의 보통재판적 주소지인 청주지방법원 보은군법원도 관할법원이 되기 때문에 채권자는 편리하다고 생각되는 다음의 관할법원을 선택하여 지급명령신청을 하시면 됩니다.

　청주지방법원 영동지원
　충청북도 영동군 영동읍 영동황간로 99(매천리 306)
　전화번호 043) 740 - 4000

　청주지방법원 보은군법원
　충청북도 보은군 보은읍 보은로 147(교사리 54-13)
　전화번호 043) 543 - 2520

　청주지방법원
　충청북도 청주시 서원구 산남로62번길 51(산남동 505)
　전화번호 043) 249 - 7114

2. 수입인지 계산

이 사건은 청구금액이 금 87,000,000이므로 87,000,000×0.0045 +5,000÷10= 39,650원입니다.

여기서 산출된 인지액이 1,000원 미만인 때에는 1,000원의 인지를 붙여야 하고, 1,000원 이상인 경우 100원 미만의 단수가 있는 때에는 그 단수는 계산하지 아니하므로 실제 납부할 인지액은 39,600원입니다.

3. 송달료금 계산

송달료는 1회분이 4,500원입니다.

이 사건은 채권자1인 채무자2인이므로 각 6회분씩 총 18회분의 금 81,000원이 됩니다.

4. 준비서류

1) 지급명령신청서 1통, 2) 당사자표시 4통, 3) 수입인지 납부서 1통, 4) 송달료 납부서 1통, 5) 소 갑제1호증 거래명세서 소 갑제2호증 물품인수증 첨부

5. 제출하는 방법

채권자는 지급명령신청서에 소 갑제1호증 거래명세서, 소 갑제2호증 물품인수증을 첨부하여 1통을 프린트하고 이어서 당사자표시 4통을 작성하시고

청주지방법원 영동지원에 접수하실 경우 영동지원 안에는 수납은행이 상주하고 있으므로 그 수납은행의 창구에 인지(소송등 인지의 현금납부서) 3장으로 구성된 것을 작성하고 송달료(예납·추납)납부서 3장으로 구성된 것을 같이 작성해 내시면 수납창구에서 인지에 대해서는 소송등 인지의 현금영수필확인서와 같은 영수증을 돌려주고 송달료에 대해서는 법원제출용과 영수증을 주면 영수증은 잘 보관하시고 영동지원 안에 있는 종합민원실로 가서 지급명령신청 독촉계에 내시면 '차' 자로 된 사건번호를 적어오면 그 다음날 오후부터 대법원 나의 사건 검색창에서 위 사건번호로 사건진행상황을 모두 확인할 수 있습니다.

청주지방법원 보은군법원에 접수하실 경우 보은군법원에는 수납은행이 상주하지 않으므로 먼저 보은군법원 전화번호 043)543-2520으로 전화하여 인지 및 송달료의 수납은행을 알려달라고 하면 바로 보은군법원 주변에 있는 수납은행을 확인한 후 이동하시면 편리하며 그 수납은행의 창구에 인지(소송등 인지의 현금납부서) 3장으로 구성된 것을 작성하고 송달료(예납·추납)납부서 3장으로 구성된 것을 같이 작성해 내시면 수납창구에서 인지에 대해서는 소송등 인지의 현금영수필확인서와 같은 영수

증을 돌려주고 송달료에 대해서는 법원제출용과 영수증을 주면 영수증은 잘 보관하시고 보은군법원 안에 보시면 지급명령신청 독촉계로 찾아가 내시면 바로 '차' 자로 된 사건번호를 적어오면 그 다음날 오후부터 대법원 나의 사건 검색창에서 위 사건번호로 사건진행상황을 모두 확인할 수 있습니다.

청주지방법원에 접수하실 경우 청주지방법원 안에는 수납은행이 상주하고 있으므로 그 수납은행의 창구에 인지(소송등 인지의 현금납부서) 3장으로 구성된 것을 작성하고 송달료(예납·추납)납부서 3장으로 구성된 것을 같이 작성해 내시면 수납창구에서 인지에 대해서는 소송등 인지의 현금영수필확인서와 같은 영수증을 돌려주고 송달료에 대해서는 법원제출용과 영수증을 주면 영수증은 잘 보관하시고 청주지방법원 안에 있는 종합민원실로 가서 지급명령신청 독촉계에 내시면 '차' 자로 된 사건번호를 적어오면 그 다음날 오후부터 대법원 나의 사건 검색창에서 위 사건번호로 사건진행상황을 모두 확인할 수 있습니다.

또한 직접 법원으로 가실 수 없는 경우에는 위와 같이 지급명령신청서 1통, 당사자표시 3통을 작성하여 수납은행에서 인지와 송달료를 수납하고 가까운 우체국으로 가서 위 해당하는 법원의 독촉사건 담당자 앞으로 보내신 후 3일 후 접수한 법원으로 전화하여 사건번호를 물어보시면 사건번호를 알려줍니다.

지급명령신청서

채 권 자 : ○   ○   ○

채 무 자 : ○   ○   ○

소송물 가액금	금	2,500,000원
첨부할 인지액	금	1,200원
첨부한 인지액	금	1,200원
납부한 송달료	금	54,000원
비 고		

해남지원 완도군법원 귀중

지급명령신청서

1. 채권자

성 명	○ ○ ○	주민등록번호	생략
주 소	전라남도 완도군 완도읍 ○○로 ○○, ○○호		
직 업	어업	사무실 주 소	생략
전 화	(휴대폰) 010 - 2987 - 0000		
대리인에 의한 신 청	□ 법정대리인 (성명 : , 연락처) □ 소송대리인 (성명 : 변호사, 연락처)		

2. 채무자

성 명	○ ○ ○	주민등록번호	생략
주 소	전라남도 진도군 진도읍 ○○로 ○길 ○○, ○○○호		
직 업	식당업	사무실 주 소	생략
전 화	(휴대폰) 010 - 9877 - 0000		
기타사항	이 사건 채무자입니다.		

3. 물품대금 청구의 독촉사건

신청취지

채무자는 채권자에게 금 2,500,000원 및 이에 대한 이 사건 지급명령결정정본을 송달된 그 다음날부터 다 갚는 날까지는 연 15%의 각 비율에 의한 금액 및 아래 독촉절차비용을 합한 금액을 지급하라는 지급명령을 구합니다.

- 아 래 -

금   55,200 원   독촉절차비용

- 내 역 -

금   1,200 원   수입인지
금   54,000 원   송달료

신 청 이 유

1. 채권자는 주소지 거주하며 작은 어선을 가지고 고기를 잡아 판매하는 어부이고, 채무자는 주소지에서 ○○식당이라는 상호로 회집을 운영하고 있습니다.

2. 그런데 채권자는 채무자의 요청에 의하여 ○○○○. ○○. ○○.부터 ○○○○. ○○. ○○.까지 총 7회에 걸쳐 채권자가 잡은 활어를 총 2,500,000원에 판매하여 채무자에게 공급하였습니다.

3. 채무자는 채권자로부터 공급받은 물품대금은 그때그때 대금을 지급하기로 하였으나 채무자는 현재에 이르기까지 위 활어대금을 지급하지 않고 있다가 최근 들어서는 아예 전화까지 받지 않고 있습니다.

4. 따라서 채권자는 채무자로부터 위 물품대금 2,500,000원 및 이 사건 지급명령결정정본이 송달된 그 다음날부터 다 갚는 날까지 소송촉진 등에 관한특례법에서 정한 연 15%의 각 비율에 의한 이자, 지연손해금 및 독촉절차비용을 합한 금액의 지급을 받기 위하여 이 사건 지급명령신청에 이른 것입니다.

소명자료 및 첨부서류

1. 소 갑제1호증   인수증(채무자의 서명날인)
1. 송달료납부서
1. 인지납부확인서

○○○○ 년 ○○ 월 ○○ 일

위 채권자 : ○ ○ ○   (인)

해남지원 완도군법원 귀중

지급명령신청서

1. 채권자

성 명	○ ○ ○	주민등록번호	생략
주 소	전라남도 완도군 완도읍 ○○로 ○○, ○○호		
직 업	어업	사무실 주 소	생략
전 화	(휴대폰) 010 - 2987 - 0000		
대리인에 의한 신 청	□ 법정대리인 (성명 :　　　,　　연락처　　　　) □ 소송대리인 (성명 : 변호사,　연락처　　　　)		

2. 채무자

성 명	○ ○ ○	주민등록번호	생략
주 소	전라남도 진도군 진도읍 ○○로 ○길 ○○, ○○○호		
직 업	식당업	사무실 주 소	생략
전 화	(휴대폰) 010 - 9877 - 0000		
기타사항	이 사건 채무자입니다.		

3. 물품대금 청구의 독촉사건

신청취지

채무자는 채권자에게 금 2,500,000원 및 이에 대하 이 사건 지급명령결정정본을 송달된 그 다음날부터 다 갚는 날까지는 연 15%의 각 비율에 의한 금액 및 아래 독촉절차비용을 합한 금액을 지급하라는 지급명령을 구합니다.

- 아 래 -

금   55,200 원   독촉절차비용

- 내 역 -

금   1,200 원   수입인지
금   54,000 원   송달료

신 청 이 유

1. 채권자는 주소지 거주하며 작은 어선을 가지고 고기를 잡아 판
   매하는 어부이고, 채무자는 주소지에서 ○○식당이라는 상호로
   회집을 운영하고 있습니다.

2. 그런데 채권자는 채무자의 요청에 의하여 ○○○○. ○○. ○
   ○.부터 ○○○○. ○○. ○○.까지 총 7회에 걸쳐 채권자가
   잡은 활어를 총 2,500,000원에 판매하여 채무자에게 공급하였
   습니다.

3. 채무자는 채권자로부터 공급받은 물품대금은 그때그때 대금을
   지급하기로 하였으나 채무자는 현재에 이르기까지 위 활어대
   금을 지급하지 않고 있다가 최근 들어서는 아예 전화까지 받
   지 않고 있습니다.

4. 따라서 채권자는 채무자로부터 위 물품대금 2,500,000원 및 이 사건 지급명령결정정본이 송달된 그 다음날부터 다 갚는 날까지 소송촉진 등에 관한특례법에서 정한 연 15%의 각 비율에 의한 이자, 지연손해금 및 독촉절차비용을 합한 금액의 지급을 받기 위하여 이 사건 지급명령신청에 이 것입니다.

- 끝 -

접수방법

1. 관할법원

　　지급명령신청은 금액 많거나 적거나 절차는 모두 동일합니다. 이 사건은 물품대금 청구사건이므로 의무이행지인 채권자의 주소지인 전라남도 완도군도 관할법원이고, 채무자의 보통재판적 주소지인 진도군도 관할법원이 되기 때문에 채권자는 편리하다고 생각되는 아래의 관할법원을 선택하여 지급명령신청을 하시면 됩니다.

　　광주지방법원 해남지원 진도군법원
　　전라남도 진도군 진도읍 쌍절1길 16(쌍정리 143-3)
　　전화번호 061) 544 - 4890

　　광주지방법원 해남지원 완도군법원
　　전라남도 완도군 완도읍 중앙길 57(군내리 341번지)
　　전화번호 061) 554 - 9809

2. 수입인지 계산

　　이 사건은 청구금액이 금 2,500,000이므로 2,500,000×0.005÷10= 1,250원입니다. 여기서 끝부분 100원 미만(50원)을 버리면 실제 붙여야 할 인지액은 1,200원입니다.

산출된 인지액이 1,000원 미만인 때에는 1,000원의 인지를 붙여야 하고, 1,000원 이상인 경우 100원 미만의 단수가 있는 때에는 그 단수는 계산하지 않습니다.

3. 송달료금 계산

송달료는 1회분이 4,500원입니다.

이 사건은 채권자1인 채무자1인이므로 각 6회분씩 총 12회분의 금 54,000원이 됩니다.

4. 준비서류

1) 지급명령신청서 1통, 2) 당사자표시 3통, 3) 수입인지 납부서 1통, 4) 송달료 납부서 1통, 5) 소 갑제1호증 인수증(채무자의 서명날인)

5. 제출하는 방법

채권자는 지급명령신청서에 소 갑제1호증 인수증(채무자의 서명날인)을 첨부하여 1통을 프린트하고 이어서 당사자표시 3통을 작성하시고

광주지방법원 해남지원 진도군법원에 접수하실 경우 진도군법

원에서는 법원 안에 수납은행이 상주하지 않으므로 먼저 진도군법원 전화번호 061) 544-4890으로 전화하여 인지와 송달료의 수납은행을 알려달라고 하여 이동하시면 아마 법원과 가까운 수납은행을 안내하면 그 수납은행의 창구에 인지(소송등 인지의 현금납부서) 3장으로 구성된 것을 작성하고 송달료(예납·추납)납부서 3장으로 구성된 것을 같이 작성해 내시면 수납창구에서 인지에 대해서는 소송등 인지의 현금영수필확인서와 같은 영수증을 돌려주고 송달료에 대해서는 법원제출용과 영수증을 주면 영수증은 잘 보관하시고 진도군법원으로 가서 지급명령신청 독촉계에 내시면 '차' 자로 된 사건번호를 적어오면 그 다음날 오후부터 대법원 나의 사건 검색창에서 위 사건번호로 사건진행상황을 모두 확인할 수 있습니다.

  광주지방법원 해남지원 완도군법원에 접수하실 경우 완도군법원에서는 법원 안에 수납은행이 상주하지 않으므로 먼저 완도군법원 전화번호 061) 554-9809으로 전화하여 인지와 송달료의 수납은행을 알려달라고 하여 이동하시면 아마 법원과 가까운 수납은행을 안내하면 그 수납은행의 창구에 인지(소송등 인지의 현금납부서) 3장으로 구성된 것을 작성하고 송달료(예납·추납)납부서 3장으로 구성된 것을 같이 작성해 내시면 수납창구에서 인지에 대해서는 소송등 인지의 현금영수필확인서와 같은 영수증을 돌려주고 송달료에 대해서는 법원제출용과 영수증을 주면 영수증은 잘 보관하시고 완도군법원으로 가서 지급명령신청 독촉계에 내시면 '차' 자로 된 사건번호를 적어오면 그 다음날 오후부터 대법원 나의 사건 검색창에서 위 사건번호로 사건진행상황을 모두 확인할 수 있습니다.

　또한 직접 법원으로 가실 수 없는 경우에는 위와 같이 지급명령신청서 1통, 당사자표시 3통을 작성하여 농협은행이 대부분 수납은행 업무를 보고 있는 곳이 있으므로 수납하고 가까운 우체국으로 가서 위 해당하는 법원의 독촉사건 담당자 앞으로 보내신 후 3일 후 접수한 법원으로 전화하여 사건번호를 물어보시면 사건번호를 알려줍니다.

지급명령신청서

채 권 자 : ○   ○   ○

채 무 자 : ○   ○   ○

소송물 가액금	금	3,700,000원
첨부할 인지액	금	1,800원
첨부한 인지액	금	1,800원
납부한 송달료	금	54,000원
비 고		

춘천지방법원 양구군법원 귀중

지급명령신청서

1. 채권자

성 명	○ ○ ○	주민등록번호	생략
주 소	충청남도 보령시 ○○로 ○○길 ○○, ○○○호		
직 업	어업 등	사무실 주 소	생략
전 화	(휴대폰) 010 - 7799 - 0000		
대리인에 의한 신 청	☐ 법정대리인 (성명 : , 연락처) ☐ 소송대리인 (성명 : 변호사, 연락처)		

2. 채무자

성 명	○ ○ ○	주민등록번호	생략
주 소	충청남도 예산군 예산읍 ○○로 ○○, ○○○호		
직 업	개인사업	사무실 주 소	생략
전 화	(휴대폰) 010 - 1248 - 0000		
기타사항	이 사건 채무자입니다.		

3. 물품대금 청구의 독촉사건

신청취지

채무자는 채권자에게 금 80,000,000원 및 이에 대한 ○○○○. ○
○. ○○.부터 이 사건 지급명령정본을 송달받은 날까지는 연 6%
의, 그 다음날부터 다 갚는 날까지는 연 15%의 비율에 의한 금액

및 아래 독촉절차비용을 합한 금액을 지급하라는 지급명령을 구합
니다.

- 아 래 -

금   90,500 원   독촉절차비용

- 내 역 -

금   36,500 원   수입인지
금   54,000 원   송달료

신 청 이 유

1. 채권자는 주소지에서 해산물을 취급하는 도매상을 운영하고 있
   고 채무자는 주소지에서 ○○시장 안에서 건어물을 취급하는
   상점을 운영하고 있습니다.

2. 채권자는 채무자의 요청에 의하여 채무자에게 ○○○○. ○○.
   ○○.부터 ○○○○. ○○. ○○.까지 총 27회에 걸쳐 별지 첨
   부한 거래명세서와 같이 채권자가 취급하는 건어물 등을 총
   금 97,000,000원을 채무자에게 공급하여 판매하였습니다.

3. 그러나 채무자는 채권자에게 건어물인수와 동시 지급하기로 하
   였음에도 불구하고 총 물품대금 금 97,000,000원 중에서 ○○
   ○○. ○○. ○○. 금 7,000,000원을 ○○○○. ○○. ○○.
   금 10,000,000원을 2회에 걸쳐 금 17,000,000원만 지급하고 현

재에 이르기까지 금 80,000,000원을 차일피일 지체하면서 지급하지 않고 있습니다.

4. 따라서 채권자는 채무자로부터 위 물품대금 금 80,000,000원 및 이에 대한 채권자가 건어물 등의 공급을 완료한 그 다음날인 ○○○○. ○○. ○○.부터 이 사건 지급명령정본을 송달받은 날까지는 상법에서 정한 연 6%의 그 다음날부터 다 갚는 날까지는 소송촉진 등에 관한 특례법에서 정한 연 15%의 비율에 의한 지연손해금 및 독촉절차비용을 합한 금액의 지급을 받기 위하여 이 사건 지급명령신청에 이른 것입니다.

소명자료 및 첨부서류

1. 소 갑제1호증   거래명세서
1. 송달료납부서
1. 인지납부확인서

○○○○ 년 ○○ 월 ○○ 일

위 채권자 : O O O (인)

홍성지원 보령시법원 귀중

당사자표시

1. 채권자

성 명	○ ○ ○	주민등록번호	생략
주 소	충청남도 보령시 ○○로 ○○길 ○○, ○○○호		
직 업	어업 등	사무실 주 소	생략
전 화	(휴대폰) 010 - 7799 - 0000		
대리인에 의한 신 청	☐ 법정대리인 (성명 : , 연락처) ☐ 소송대리인 (성명 : 변호사, 연락처)		

2. 채무자

성 명	○ ○ ○	주민등록번호	생략
주 소	충청남도 예산군 예산읍 ○○로 ○○, ○○○호		
직 업	개인사업	사무실 주 소	생략
전 화	(휴대폰) 010 - 1248 - 0000		
기타사항	이 사건 채무자입니다.		

3. 물품대금 청구의 독촉사건

신청취지

채무자는 채권자에게 금 80,000,000원 및 이에 대한 ○○○○. ○
○. ○○.부터 이 사건 지급명령정본을 송달받은 날까지는 연 6%
의, 그 다음날부터 다 갚는 날까지는 연 15%의 비율에 의한 금액

및 아래 독촉절차비용을 합한 금액을 지급하라는 지급명령을 구합
니다.

- 아 래 -

금   90,500 원   독촉절차비용

- 내 역 -

금   36,500 원   수입인지
금   54,000 원   송달료

신 청 이 유

1. 채권자는 주소지에서 해산물을 취급하는 도매상을 운영하고 있
   고 채무자는 주소지에서 ○○시장 안에서 건어물을 취급하는
   상점을 운영하고 있습니다.

2. 채권자는 채무자의 요청에 의하여 채무자에게 ○○○○. ○○.
   ○○.부터 ○○○○. ○○. ○○.까지 총 27회에 걸쳐 별지 첨
   부한 거래명세서와 같이 채권자가 취급하는 건어물 등을 총
   금 97,000,000원을 채무자에게 공급하여 판매하였습니다.

3. 그러나 채무자는 채권자에게 건어물인수와 동시 지급하기로 하
   였음에도 불구하고 총 물품대금 금 97,000,000원 중에서 ○○
   ○○. ○○. ○○. 금 7,000,000원을 ○○○○. ○○. ○○.
   금 10,000,000원을 2회에 걸쳐 금 17,000,000원만 지급하고 현

재에 이르기까지 금 80,000,000원을 차일피일 지체하면서 지급
하지 않고 있습니다.

4. 따라서 채권자는 채무자로부터 위 물품대금 금 80,000,000원 및
   이에 대한 채권자가 건어물 등의 공급을 완료한 그 다음날인 ○
   ○○○. ○○. ○○.부터 이 사건 지급명령정본을 송달받은 날
   까지는 상법에서 정한 연 6%의 그 다음날부터 다 갚는 날까지
   는 소송촉진 등에 관한 특례법에서 정한 연 15%의 비율에 의한
   지연손해금 및 독촉절차비용을 합한 금액의 지급을 받기 위하
   여 이 사건 지급명령신청에 이른 것입니다.

                                              - 끝 -

접수방법

1. 관할법원

    이 사건 사례는 물품대금을 청구하는 사건으로서 채권자의 주소지 관할법원은 홍성지원 보령시법원이고, 채무자의 주소지는 홍성지원 예산군법원이므로 채권자는 의무이행지인 채권자의 주소지 법원인 대전지방법원 홍성지원 보령시법원에 지급명령을 신청할 수 있고, 채무자의 보통재판적 주소지는 대전지방법원 홍성지원 예산군법원도 관할법원이므로, 채권자는 아래와 같이 기재한 편리한 곳의 법원을 선택하여 지급명령신청을 하시면 됩니다.

    대전지방법원 홍성지원 보령시법원
    충청남도 보령시 중앙로 128(대천동 423-14)
    전화번호 041) 931 - 0501

    대전지방법원 홍성지원 예산군법원
    충청남도 예산군 예산읍 벚꽃로 145(산성리 674-1)
    전화번호 041) 334 - 4387

2. 수입인지 계산

    이 사건은 청구금액이 금 80,000,000이므로 80,000,000×0.0045 +5,000÷10= 36,500원입니다.

산출된 인지액이 1,000원 미만인 때에는 1,000원의 인지를 붙여야 하고, 1,000원 이상인 경우 100원 미만의 단수가 있는 때에는 그 단수는 계산하지 않습니다.

3. 송달료금 계산

송달료는 1회분이 4,500원입니다.

이 사건은 채권자1인 채무자1인이므로 각 6회분씩 총 12회분의 금 54,000원이 됩니다.

4. 준비서류

1) 지급명령신청서 1통, 2) 당사자표시 3통, 3) 수입인지 납부서 1통, 4) 송달료 납부서 1통, 5) 소 갑제1호증의 거래명세서를 첨부

5. 제출하는 방법

채권자는 대전지방법원 홍성지원 보령시법원에 지급명령을 신청할 경우 먼저 지급명령신청서에 소 갑제1호증 거래명세서를 첨부하여 1통을 작성하고 이어서 당사자표시는 3통을 작성해 보령시법원 전화번호 041) 931-0501으로 전화하여 인지 및 송달료의

수납은행을 확인하고 이동하시고 대부분 법원주변에 있는 농협은행 창구의 용지함에 보시면 인지(소송등 인지의 현금납부서) 3장으로 구성된 것을 작성하고 송달료(예납·추납)납부서 3장으로 구성된 것을 같이 작성해 수납은행 창구에 내시면 수납창구에서 인지에 대해서는 소송등 인지의 현금영수필확인서와 같은 영수증을 돌려주고 송달료에 대해서는 법원제출용과 영수증을 주면 영수증은 잘 보관하시고 보령시법원 안에 있는 독촉사건(지급명령) 창구에 내시면 '차' 자로 된 사건번호를 적어오면 그 다음날 오후부터 대법원 나의 사건 검색창에서 위 사건번호로 사건진행상황을 모두 확인할 수 있습니다.

채권자는 대전지방법원 홍성지원 예산군법원에 지급명령을 신청할 경우 먼저 지급명령신청서에 소 갑제1호증 거래명세서를 첨부하여 1통을 작성하고 이어서 당사자표시는 3통을 작성해 예산군법원 전화번호 041) 334-4387으로 전화하여 인지 및 송달료의 수납은행을 확인하고 이동하시고 수납은행의 용지함에 보시면 인지(소송등 인지의 현금납부서) 3장으로 구성된 것을 작성하고 송달료(예납·추납)납부서 3장으로 구성된 것을 같이 작성해 수납은행 창구에 내시면 수납창구에서 인지에 대해서는 소송등 인지의 현금영수필확인서와 같은 영수증을 돌려주고 송달료에 대해서는 법원제출용과 영수증을 주면 영수증은 잘 보관하시고 예산군법원 안에 있는 독촉사건(지급명령) 창구에 내시면 '차' 자로 된 사건번호를 적어오면 그 다음날 오후부터 대법원 나의 사건 검색창에서 위 사건번호로 사건진행상황을 모두 확인할 수 있습니다.

직접 위의 법원을 선택하여 등기우편으로 보내실 경우 위와 같이 지급명령신청서 1통, 당사자표시 3통, 인지납부확인서, 송달료 금납부서를 준비하여 가까운 우체국으로 가서 위 주소로 보내신 후 3일 후 접수하신 법원으로 전화하여 지급명령신청에 대한 사건번호를 물어보시면 사건번호를 불러줍니다.

지급명령신청서

채 권 자 : ○   ○   ○

채 무 자 : ○   ○   ○

소송물 가액금	금	13,000,000원
첨부할 인지액	금	6,300원
첨부한 인지액	금	6,300원
납부한 송달료	금	54,000원
비 고		

강릉지원 삼척시법원 귀중

지급명령신청서

1. 채권자

성 명	○ ○ ○	주민등록번호	생략
주 소	강원도 삼척시 ○○로 ○○길 ○○, ○○○호		
직 업	상업 · 사무실 주 소	생략	
전 화	(휴대폰) 010 - 2489 - 0000		
대리인에 의한 신 청	□ 법정대리인 (성명 : , 연락처) □ 소송대리인 (성명 : 변호사, 연락처)		

2. 채무자

성 명	○ ○ ○	주민등록번호	생략
주 소	강원도 강릉시 동해대로 ○○○, ○○○호		
직 업	건축업 · 사무실 주 소	생략	
전 화	(휴대폰) 010 - 5411 - 0000		
기타사항	이 사건 채무자입니다.		

3. 물품대금 청구의 독촉사건

신청취지

채무자는 채권자에게 금 13,000,000원 및 이에 대한 ○○○○. ○○. ○○.부터 이 사건 지급명령정본을 송달받은 날까지는 연 6%의, 그 다음날부터 다 갚는 날까지는 연 15%의 비율에 의한 금액 및 아래

독촉절차비용을 합한 금액을 지급하라는 지급명령을 구합니다.

- 아 래 -

금   60,300 원   독촉절차비용

- 내 역 -

금   6,300 원   수입인지
금   54,000 원   송달료

신 청 이 유

1. 채권자는 주소지에서 건축자재용 철물제품을 제작 판매하고 있고 채무자는 주소지에서 다세대주택 등을 건축하여 분양하는 건축업자입니다.

2. 채권자는 채무자의 요청에 의하여 채무자에게 ○○○○. ○○. ○○.부터 ○○○○. ○○. ○○.까지 총 4회에 걸쳐 별지 첨부한 거래명세서와 같이 채권자가 취급하는 건축자재용 철물제품을 금 15,000,000원에 판매하고 채무자가 신축하고 있는 강원도 강릉시 ○○로 ○○, ○○○호 공사현장으로 공급하였습니다.

3. 그러나 채무자는 채권자에게 건축지제용 철물제품을 공급완료와 즉시 물품대금을 완불하기로 하였던 것인데 채무자는 ○○○○. ○○. ○○. 채권자가 공급을 완료한 당일 금 2,000,000

원만 지급하고 현재에 이르기까지 금 13,000,000원을 지급하지 않고 있습니다.

4. 따라서 채권자는 채무자로부터 위 물품대금 금 13,000,000원 및 이에 대한 채권자가 건축자재용 철물제품을 공급완료한 그 다음 날인 ○○○○. ○○. ○○.부터 이 사건 지급명령정본을 송달 받은 날까지는 상법에서 정한 연 6%의, 그 다음날부터 다 갚는 날까지는 소송촉진 등에 관한 특례법에서 정한 연 15%의 비율에 의한 지연손해금 및 독촉절차비용을 합한 금액의 지급을 받기 위하여 이 사건 지급명령신청에 이른 것입니다.

소명자료 및 첨부서류

1. 소 갑제1호증   거래명세서
1. 송달료납부서
1. 인지납부확인서

○○○○ 년 ○○ 월 ○○ 일

위 채권자 : ○ ○ ○   (인)

강릉지원 삼척시법원 귀중

당사자표시

1. 채권자

성 명	○ ○ ○	주민등록번호	생략
주 소	강원도 삼척시 ○○로 ○○길 ○○, ○○○호		
직 업	상업	사무실 주 소	생략
전 화	(휴대폰) 010 - 2489 - 0000		
대리인에 의한 신 청	□ 법정대리인 (성명 : , 연락처) □ 소송대리인 (성명 : 변호사, 연락처)		

2. 채무자

성 명	○ ○ ○	주민등록번호	생략
주 소	강원도 강릉시 동해대로 ○○○, ○○○호		
직 업	건축업	사무실 주 소	생략
전 화	(휴대폰) 010 - 5411 - 0000		
기타사항	이 사건 채무자입니다.		

3. 물품대금 청구의 독촉사건

신청취지

채무자는 채권자에게 금 13,000,000원 및 이에 대한 ○○○○. ○○. ○○.부터 이 사건 지급명령정본을 송달받은 날까지는 연 6%의, 그 다음날부터 다 갚는 날까지는 연 15%의 비율에 의한 금액 및 아래

독촉절차비용을 합한 금액을 지급하라는 지급명령을 구합니다.

- 아 래 -

금   60,300 원   독촉절차비용

- 내 역 -

금   6,300 원   수입인지
금   54,000 원   송달료

신청이유

1. 채권자는 주소지에서 건축자재용 철물제품을 제작 판매하고 있고 채무자는 주소지에서 다세대주택 등을 건축하여 분양하는 건축업자입니다.

2. 채권자는 채무자의 요청에 의하여 채무자에게 ○○○○. ○○. ○○.부터 ○○○○. ○○. ○○.까지 총 4회에 걸쳐 별지 첨부한 거래명세서와 같이 채권자가 취급하는 건축자재용 철물제품을 금 15,000,000원에 판매하고 채무자가 신축하고 있는 강원도 강릉시 ○○로 ○○, ○○○호 공사현장으로 공급하였습니다.

3. 그러나 채무자는 채권자에게 건축자재용 철물제품을 공급완료와 즉시 물품대금을 완불하기로 하였던 것인데 채무자는 ○○○○. ○○. ○○. 채권자가 공급을 완료한 당일 금 2,000,000

원만 지급하고 현재에 이르기까지 금 13,000,000원을 지급하지 않고 있습니다.

4. 따라서 채권자는 채무자로부터 위 물품대금 금 13,000,000원 및 이에 대한 채권자가 건축자재용 철물제품을 공급완료한 그 다음 날인 ○○○○. ○○. ○○.부터 이 사건 지급명령정본을 송달받은 날까지는 상법에서 정한 연 6%의, 그 다음날부터 다 갚는 날까지는 소송촉진 등에 관한 특례법에서 정한 연 15%의 비율에 의한 지연손해금 및 독촉절차비용을 합한 금액의 지급을 받기 위하여 이 사건 지급명령신청에 이른 것입니다.

- 끝 -

접수방법

1. 관할법원

이 사건은 물품대금을 청구하는 사건으로서 채권자의 주소지 관할법원은 춘천지방법원 강릉지원 삼척시법원이고, 채무자의 주소지는 춘천지방법원 강릉지원이므로 채권자는 의무이행지인 채권자의 주소지 법원인 춘천지방법원 강릉지원 삼척시법원에 지급명령을 신청할 수 있고, 채무자의 보통재판적 주소지는 춘천지방법원 강릉지원도 관할법원이므로, 채권자는 아래와 같이 기재한 편리한 곳의 법원을 선택하여 지급명령신청을 하시면 됩니다.

춘천지방법원 강릉지원 삼척시법원

강원도 삼척시 청석로 3길 16-17(교동 737)

전화번호 033) 574 - 8255

춘천지방법원 강릉지원

강원도 강릉시 동해대로 3288-18(난곡동)

전화번호 033) 640 - 1000

2. 수입인지 계산

이 사건은 청구금액이 금 13,000,000이므로 $13,000,000 \times 0.0045 + 5,000 \div 10 = 6,350$원입니다.

산출된 인지액이 1,000원 미만인 때에는 1,000원의 인지를 붙여야 하고, 1,000원 이상인 경우 100원 미만의 단수가 있는 때에는 그 단수는 계산하지 않습니다.

그러므로 실제 채권자가 납부할 인지액은 끝부분 50원을 버리면 금 6,300원입니다.

3. 송달료금 계산

송달료는 1회분이 4,500원입니다.

이 사건은 채권자1인 채무자1인이므로 각 6회분씩 총 12회분의 금 54,000원이 됩니다.

4. 준비서류

1) 지급명령신청서 1통, 2) 당사자표시 3통, 3) 수입인지 납부서 1통, 4) 송달료 납부서 1통, 5) 소 갑제1호증의 거래명세서를 첨부

5. 제출하는 방법

채권자는 춘천지방법원 강릉지원 삼척시법원에 지급명령을 신

청할 경우 먼저 지급명령신청서에 소 갑제1호증 거래명세서를 첨부하여 1통을 작성하고 이어서 당사자표시는 3통을 작성해 삼척시법원 전화번호 033) 574-8255으로 전화하여 인지 및 송달료의 수납은행을 확인하고 이동하시고 대부분 법원주변에 있는 농협은행 창구의 용지함에 보시면 인지(소송등 인지의 현금납부서) 3장으로 구성된 것을 작성하고 송달료(예납·추납)납부서 3장으로 구성된 것을 같이 작성해 수납은행 창구에 내시면 수납창구에서 인지에 대해서는 소송등 인지의 현금영수필확인서와 같은 영수증을 돌려주고 송달료에 대해서는 법원제출용과 영수증을 주면 영수증은 잘 보관하시고 삼척시법원 안에 있는 독촉사건(지급명령) 창구에 내시면 '차' 자로 된 사건번호를 적어오면 그 다음날 오후부터 대법원 나의 사건 검색창에서 위 사건번호로 사건진행상황을 모두 확인할 수 있습니다.

채권자가 춘천지방법원 강릉지원에 지급명령을 신청할 경우 먼저 지급명령신청서에 소 갑제1호증 거래명세서를 첨부하여 1통을 작성하고 이어서 당사자표시는 3통을 작성해 강릉지원으로 가면 수납은행에 인지(소송등 인지의 현금납부서) 3장으로 구성된 것을 작성하고 송달료(예납·추납)납부서 3장으로 구성된 것을 같이 작성해 수납은행 창구에 내시면 수납창구에서 인지에 대해서는 소송등 인지의 현금영수필확인서와 같은 영수증을 돌려주고 송달료에 대해서는 법원제출용과 영수증을 주면 영수증은 잘 보관하시고 강릉지원 안에 있는 독촉사건(지급명령) 창구에 내시면 '차' 자로 된 사건번호를 적어오면 그 다음날 오후부터 대법원 나의 사건 검색창에서 위 사건번호로 사건진행상황을 모두 확인할 수 있습니다.

　직접 위의 법원을 선택하여 등기우편으로 보내실 경우 위와 같이 지급명령신청서 1통, 당사자표시 3통, 인지납부확인서, 송달료 금납부서를 준비하여 가까운 우체국으로 가서 위 주소로 보내신 후 3일 후 접수하신 법원으로 전화하여 지급명령신청에 대한 사건번호를 물어보시면 사건번호를 불러줍니다.

지급명령신청서

채 권 자 : ○   ○   ○

채 무 자 : ○   ○   ○

소송물 가액금	금	27,000,000원
첨부할 인지액	금	12,600원
첨부한 인지액	금	12,600원
납부한 송달료	금	54,000원
비 고		

대구지방법원 영덕지원 귀중

지급명령신청서

1. 채권자

성 명	○ ○ ○	주민등록번호	생략
주 소	경상북도 영덕군 영덕읍 경동로 ○○, ○○○호		
직 업	상업	사무실 주 소	생략
전 화	(휴대폰) 010 - 7788 - 0000		
대리인에 의한 신 청	☐ 법정대리인 (성명 : , 연락처) ☐ 소송대리인 (성명 : 변호사, 연락처)		

2. 채무자

성 명	○ ○ ○	주민등록번호	생략
주 소	경상북도 울진군 울진읍 월변○길 ○○○,		
직 업	식당업	사무실 주 소	생략
전 화	(휴대폰) 010 - 9901 - 0000		
기타사항	이 사건 채무자입니다.		

3. 물품대금 청구의 독촉사건

신청취지

채무자는 채권자에게 금 27,000,000원 및 이에 대한 ○○○○. ○○. ○○.부터 이 사건 지급명령정본을 송달받은 날까지는 연 6%의, 그 다음날부터 다 갚는 날까지는 연 15%의 비율에 의한 금액 및 아래

독촉절차비용을 합한 금액을 지급하라는 지급명령을 구합니다.

— 아　래 —

금　　66,600 원　　　　독촉절차비용

— 내　역 —

금　　12,600 원　　　　수입인지
금　　54,000 원　　　　송달료

신청이유

1. 채권자는 주소지에서 ○○상회라는 상호로 쌀을 판매하거나 주문을 받고 공급하는 영업을 하고 있고, 채무자는 주소지에서 대영식당을 운영하고 있습니다.

2. 채권자는 ○○○○. ○○. ○○.부터 채무자의 요청에 의하여 채무자에게 ○○○○. ○○. ○○.까지 총 31회에 걸쳐 별지 첨부한 거래명세서와 같이 채권자가 취급하는 쌀을 총 54,000,000원에 판매하였습니다.

3. 그런데 채무자는 장기간을 거래해 오면서 한 번도 제대로 대금을 지급하지 않아 채권자가 거래를 그만하겠다고 통지하고 물품대금의 지급을 강력히 요구하자 채무자는 ○○○○. ○○. ○○. 금 3,000,000원을 지급하였고 ○○○○. ○○. ○○. 금 10,000,000원을 지급하였고, ○○○○. ○○. ○○. 금 10,000,000원을 지

급하였고, ○○○○. ○○. ○○. 금 4,000,000원을 지급한 채 지금까지 잔액 27,000,000원을 지급하지 않고 있습니다.

4. 따라서 채권자는 채무자로부터 위 물품대금 금 27,000,000원 및 이에 대한 채권자가 채무자에게 쌀을 공급완료 한 그 다음 날인 ○○○○. ○○. ○○.부터 이 사건 지급명령정본을 송달 받은 날까지는 상법에서 정한 연 6%의, 그 다음날부터 다 갚는 날까지는 소송촉진 등에 관한 특례법에서 정한 연 15%의 비율에 의한 지연손해금 및 독촉절차비용을 합한 금액의 지급을 받기 위하여 이 사건 지급명령신청에 이른 것입니다.

소명자료 및 첨부서류

1. 소 갑제1호증   거래명세서
1. 송달료납부서
1. 인지납부확인서

○○○○ 년 ○○ 월 ○○ 일

위 채권자 : ○ ○ ○ (인)

대구지방법원 영덕지원 귀중

당사자표시

1. 채권자

성 명	○ ○ ○	주민등록번호	생략
주 소	경상북도 영덕군 영덕읍 경동로 ○○, ○○○호		
직 업	상업	사무실 주 소	생략
전 화	(휴대폰) 010 - 7788 - 0000		
대리인에 의한 신 청	□ 법정대리인 (성명 : , 연락처) □ 소송대리인 (성명 : 변호사, 연락처)		

2. 채무자

성 명	○ ○ ○	주민등록번호	생략
주 소	경상북도 울진군 울진읍 월변○길 ○○○,		
직 업	식당업	사무실 주 소	생략
전 화	(휴대폰) 010 - 9901 - 0000		
기타사항	이 사건 채무자입니다.		

3. 물품대금 청구의 독촉사건

신청취지

채무자는 채권자에게 금 27,000,000원 및 이에 대한 ○○○○. ○○. ○○.부터 이 사건 지급명령정본을 송달받은 날까지는 연 6%의, 그 다음날부터 다 갚는 날까지는 연 15%의 비율에 의한 금액 및 아래

독촉절차비용을 합한 금액을 지급하라는 지급명령을 구합니다.

- 아 래 -

금   66,600 원   독촉절차비용

- 내 역 -

금   12,600 원   수입인지
금   54,000 원   송달료

신청이유

1. 채권자는 주소지에서 ○○상회라는 상호로 쌀을 판매하거나 주
   문을 받고 공급하는 영업을 하고 있고, 채무자는 주소지에서
   대영식당을 운영하고 있습니다.

2. 채권자는 ○○○○. ○○. ○○.부터 채무자의 요청에 의하여
   채무자에게 ○○○○. ○○. ○○.까지 총 31회에 걸쳐 별지 첨
   부한 거래명세서와 같이 채권자가 취급하는 쌀을 총 54,000,000
   원에 판매하였습니다.

3. 그런데 채무자는 장기간을 거래해 오면서 한 번도 제대로 대금을
   지급하지 않아 채권자가 거래를 그만하겠다고 통지하고 물품대금
   의 지급을 강력히 요구하자 채무자는 ○○○○. ○○. ○○. 금
   3,000,000원을 지급하였고 ○○○○. ○○. ○○. 금 10,000,000
   원을 지급하였고, ○○○○. ○○. ○○. 금 10,000,000원을 지

급하였고, ○○○○. ○○. ○○. 금 4,000,000원을 지급한 채 지금까지 잔액 27,000,000원을 지급하지 않고 있습니다.

4. 따라서 채권자는 채무자로부터 위 물품대금 금 27,000,000원 및 이에 대한 채권자가 채무자에게 쌀을 공급완료 한 그 다음날인 ○○○○. ○○. ○○.부터 이 사건 지급명령정본을 송달받은 날까지는 상법에서 정한 연 6%의, 그 다음날부터 다 갚는 날까지는 소송촉진 등에 관한 특례법에서 정한 연 15%의 비율에 의한 지연손해금 및 독촉절차비용을 합한 금액의 지급을 받기 위하여 이 사건 지급명령신청에 이른 것입니다.

- 끝 -

접수방법

1. 관할법원

　이 사건은 물품대금을 청구하는 사건으로서 채권자의 주소지 관할법원은 대구지방법원 영덕지원이고, 채무자의 주소지는 대구 지방법원 영덕지원 울진군법원이므로 채권자는 의무이행지인 채권 자의 주소지 법원인 대구지방법원 영덕지원에 지급명령을 신청할 수 있고, 채무자의 보통재판적 주소지는 대구 지방법원 영덕지원 울진군법원도 관할법원이므로, 채권자는 아래와 같이 기재한 편리 한 곳의 법원을 선택하여 지급명령신청을 하시면 됩니다.

　대구지방법원 영덕지원
　경상북도 영덕군 영덕읍 경동로 8337(화개리 226-1)
　전화번호 054) 730 - 3000

　대구지방법원 영덕지원 울진군법원
　경상북도 울진군 울진읍 월변2길 33,(읍내리 336)
　전화번호 054) 783 - 8010

2. 수입인지 계산

　이 사건은 청구금액이 금 27,000,000이므로 27,000,000×0.0045 +5,000÷10= 12,650원입니다.

산출된 인지액이 1,000원 미만인 때에는 1,000원의 인지를 붙여야 하고, 1,000원 이상인 경우 100원 미만의 단수가 있는 때에는 그 단수는 계산하지 않습니다.

그러므로 실제 채권자가 납부할 인지액은 끝부분 50원을 버리면 금 12,600원입니다.

3. 송달료금 계산

송달료는 1회분이 4,500원입니다.

이 사건은 채권자1인 채무자1인이므로 각 6회분씩 총 12회분의 금 54,000원이 됩니다.

4. 준비서류

1) 지급명령신청서 1통, 2) 당사자표시 3통, 3) 수입인지 납부서 1통, 4) 송달료 납부서 1통, 5) 소 갑제1호증의 거래명세서를 첨부

5. 제출하는 방법

채권자는 대구지방법원 영덕지원에 지급명령을 신청할 경우 면

저 지급명령신청서에 소 갑제1호증 거래명세서를 첨부하여 1통을 작성하고 이어서 당사자표시는 3통을 작성해 영덕지원으로 가시면 수납은행이 있는데 수납은행의 창구에는 인지(소송등 인지의 현금 납부서) 3장으로 구성된 것을 작성하고 송달료(예납·추납)납부서 3장으로 구성된 것을 같이 작성해 수납은행 창구에 내시면 수납창구에서 인지에 대해서는 소송등 인지의 현금영수필확인서와 같은 영수증을 돌려주고 송달료에 대해서는 법원제출용과 영수증을 주면 영수증은 잘 보관하시고 영덕지원 안에 있는 독촉사건(지급명령) 창구에 내시면 '차' 자로 된 사건번호를 적어오면 그 다음날 오후부터 대법원 나의 사건 검색창에서 위 사건번호로 사건진행상황을 모두 확인할 수 있습니다.

채권자가 대구지방법원 영덕지원 울진군법원에 지급명령을 신청할 경우 먼저 지급명령신청서에 소 갑제1호증 거래명세서를 첨부하여 1통을 작성하고 이어서 당사자표시는 3통을 작성해 울진군법원 전화번호 054) 783-8010으로 전화하여 인지 및 송달료의 수납은행을 확인하고 이동하시면 대부분 법원주변에 있는 농협은행 창구의 용지함에 보시면 인지(소송등 인지의 현금납부서) 3장으로 구성된 것을 작성하고 송달료(예납·추납)납부서 3장으로 구성된 것을 같이 작성해 수납은행 창구에 내시면 수납창구에서 인지에 대해서는 소송등 인지의 현금영수필확인서와 같은 영수증을 돌려주고 송달료에 대해서는 법원제출용과 영수증을 주면 영수증은 잘 보관하시고 울진군법원 안에 있는 독촉사건(지급명령) 창구에 내시면 '차' 자로 된 사건번호를 적어오면 그 다음날 오후부터 대법원 나의 사건 검색창에서 위 사건번호로 사건진행상황을 모두 확인할 수 있습니다.

직접 위의 법원을 선택하여 등기우편으로 보내실 경우 위와 같이 지급명령신청서 1통, 당사자표시 3통, 인지납부확인서, 송달료 금납부서를 준비하여 가까운 우체국으로 가서 위 주소로 보내신 후 3일 후 접수하신 법원으로 전화하여 지급명령신청에 대한 사건번호를 물어보시면 사건번호를 불러줍니다.

【지급명령신청서8】 물품대금청구 육가공제품을 보증인을 세우고 공급하여 판매하였으나
　　　　　　　　그 대금을 지급하지 않아 채무자와 보증인을 상대로 지급청구 하는
　　　　　　　　사례

지급명령신청서

채 권 자 ：　○ ○ 가공 주식회사

채 무 자 ：　주식회사 ○ ○ ○외1

소송물 가액금	금 115,000,000원	
첨부할 인지액	금	51,500원
첨부한 인지액	금	51,500원
납부한 송달료	금	81,000원
비　　　고		

전주지방법원 임실군법원 귀중

지급명령신청서

1. 채권자

성 명	○○가공 주식회사	법인등록번호	생략
주 소	전라북도 임실군 임실읍 ○○로 ○○○,(○○리)		
대 표 자	대표이사 ○ ○ ○		
전 화	(휴대폰) 010 - 1230 - 0000		
기타사항	이 사건 채권자입니다.		

2. 채무자1

성 명	주식회사 ○○○	법인등록번호	생략
주 소	전라북도 전주시 덕진구 사평로 ○○, ○○○호		
대 표 자	대표이사 ○ ○ ○		
전 화	(휴대폰) 010 - 9900 - 0000		
기타사항	이 사건 채무자1입니다.		

채무자2

성 명	○ ○ ○	주민등록번호	생략
주 소	전라북도 임실군 임실읍 ○○로 ○○, ○○○호		
직 업	상업	사무실 주 소	생략
전 화	(휴대폰) 010 - 2331 - 0000		
기타사항	이 사건 채무자2입니다.		

3.물품대금 청구의 독촉사건

신청취지

채무자들은 연대하여 채권자에게 금 115,000,000원 및 이에 대한 ○
○○○. ○○. ○○.부터 지급명령정본이 송달된 날까지는 연 6%의
그 다음날부터 다 갚는 날까지는 연 15%의 각 비율에 의한 금원 및
아래 독촉절차비용을 합한 금액을 지급하라는 지급명령을 구합니다.

- 아 래 -

금   132,500 원   독촉절차비용

- 내 역 -

금   51,500 원   수입인지
금   81,000 원   송달료

신청이유

1. 채권자는 주소지에서 가공식품을 생산하여 판매하는 법인이고,
   채무자1은 가공식품 등을 판매 또는 소매업을 하는 법인이고,
   채무자2는 채무자1에 대한 보증인입니다.

2. 채권자는 채무자1에게 채무자2의 보증아래 채권자가 생산하
   는 육류가공식품을 ○○○○. ○○. ○○.부터 ○○○○. ○
   ○. ○○.까지 총 41회에 걸쳐 별지 거래명세서와 같이 총

금 115,000,000원의 판매하였으나 채무자들은 현재에 이르기까지 지급하지 않고 있습니다.

3. 이에 채권자는 채무자1과 채무자2에게 휴대전화로 수차례에 걸쳐 위 물품대금의 지급을 독촉하거나 하물며 여러 번 찾아가 지급을 요구하였으나 차일피일 지체하면서 변제하지 않고 있습니다.

4. 따라서 채권자는 채무자들로부터 위 물품대금 115,000,000원 및 이에 대한 채권자가 공급을 완료한 그 다음날인 ○○○○. ○○. ○○.부터 이 사건 지급명령정본을 송달받은 날까지는 상법에 정한 연 6%의, 그 다음날부터 다 갚는 날까지는 소송촉진 등에 관한 특례법에서 정한 연 15%의 비율에 의한 지연손해금 및 독촉절차비용을 합한 금액의 지급을 받기 위하여 이 사건 지급명령신청에 이른 것입니다.

소명자료 및 첨부서류

1. 소 갑제1호증   거래내역서 보증인 포함
1. 소 갑제2호증   물품인수증
1. 송달료납부서
1. 인지납부확인서

○○○○ 년 ○○ 월 ○○ 일

위 채권자 :　○　○　○　（인）

전주지방법원 임실군법원 귀중

당사자표시

1. 채권자

성 명	○○가공 주식회사	법인등록번호	생략
주 소	전라북도 임실군 임실읍 ○○로 ○○○,(○○리)		
대 표 자	대표이사 ○ ○ ○		
전 화	(휴대폰) 010 - 1230 - 0000		
기타사항	이 사건 채권자입니다.		

2. 채무자1

성 명	주식회사 ○○○	법인등록번호	생략
주 소	전라북도 전주시 덕진구 사평로 ○○, ○○○호		
대 표 자	대표이사 ○ ○ ○		
전 화	(휴대폰) 010 - 9900 - 0000		
기타사항	이 사건 채무자1입니다.		

채무자2

성 명	○ ○ ○	주민등록번호	생략
주 소	전라북도 임실군 임실읍 ○○로 ○○, ○○○호		
직 업	상업	사무실 주소	생략
전 화	(휴대폰) 010 - 2331 - 0000		
기타사항	이 사건 채무자2입니다.		

3. 물품대금 청구의 독촉사건

신청취지

채무자들은 연대하여 채권자에게 금 115,000,000원 및 이에 대한 ○○○○. ○○. ○○.부터 지급명령정본이 송달된 날까지는 연 6%의 그 다음날부터 다 갚는 날까지는 연 15%의 각 비율에 의한 금원 및 아래 독촉절차비용을 합한 금액을 지급하라는 지급명령을 구합니다.

- 아　래 -

금　132,500 원　　　　독촉절차비용

- 내　역 -

금　51,500 원　　　　수입인지
금　81,000 원　　　　송달료

신청이유

1. 채권자는 주소지에서 가공식품을 생산하여 판매하는 법인이고, 채무자1은 가공식품 등을 판매 또는 소매업을 하는 법인이고, 채무자2는 채무자1에 대한 보증인입니다.

2. 채권자는 채무자1에게 채무자2의 보증아래 채권자가 생산하는 육류가공식품을 ○○○○. ○○. ○○.부터 ○○○○. ○○. ○○.까지 총 41회에 걸쳐 별지 거래명세서와 같이 총

금 115,000,000원의 판매하였으나 채무자들은 현재에 이르기까지 지급하지 않고 있습니다.

3. 이에 채권자는 채무자1과 채무자2에게 휴대전화로 수차례에 걸쳐 위 물품대금의 지급을 독촉하거나 하물며 여러 번 찾아가 지급을 요구하였으나 차일피일 지체하면서 변제하지 않고 있습니다.

4. 따라서 채권자는 채무자들로부터 위 물품대금 115,000,000원 및 이에 대한 채권자가 공급을 완료한 그 다음날인 ○○○○. ○○. ○○.부터 이 사건 지급명령정본을 송달받은 날까지는 상법에 정한 연 6%의, 그 다음날부터 다 갚는 날까지는 소송촉진 등에 관한 특례법에서 정한 연 15%의 비율에 의한 지연손해금 및 독촉절차비용을 합한 금액의 지급을 받기 위하여 이 사건 지급명령신청에 이른 것입니다.

- 끝 -

접수방법

1. 관할법원

위 사건은 물품대금 청구사건이므로 의무이행지인 채권자의 주소지인 전주지방법원 임실군법원이 관할법원이고, 채무자1의 보통재판적 주소지인 전주지방법원이고 채무자2의 보통재판적 주소지인 전주지방법원 임실군법원이 관할법원이 되기 때문에 채권자는 편리하다고 생각되는 다음의 관할법원을 선택하여 지급명령신청을 하시면 됩니다.

전주지방법원 임실군법원
전라북도 임실군 임실읍 중동로 62,(이도리 266-5)
전화번호 063) 642 - 1991

전주지방법원
전라북도 전주시 덕진구 사평로 25,(덕진동 1가)
전화번호 063) 259 - 5506

2. 수입인지 계산

이 사건은 청구금액이 금 115,000,000이므로 115,000,000×0.0040 +55,000÷10= 51,500원입니다.

여기서 산출된 인지액이 1,000원 미만인 때에는 1,000원의 인지를 붙여야 하고, 1,000원 이상인 경우 100원 미만의 단수가 있는 때에는 그 단수는 계산하지 아니합니다.

3. 송달료금 계산

송달료는 1회분이 4,500원입니다.

이 사건은 채권자1인 채무자2인이므로 각 6회분씩 총 18회분의 금 81,000원이 됩니다.

4. 준비서류

1) 지급명령신청서 1통, 2) 당사자표시 4통, 3) 수입인지 납부서 1통, 4) 송달료 납부서 1통, 5) 소 갑제1호증 거래내역서 보증인 포함, 소 갑제2호증 물품인수증 첨부

5. 제출하는 방법

채권자는 지급명령신청서에 소 갑제1호증 거래내역서 보증인 포함, 소 갑제2호증 물품인수증을 첨부하여 1통을 프린트하고 이어서 당사자표시 4통을 작성하시고

전주지방법원 임실군법원에 접수하실 경우 임실군법원에는 수

납은행이 상주하지 않으므로 먼저 임실군법원 전화번호 063) 642
-1991으로 전화하여 인지 및 송달료의 수납은행을 알려달라고 하
면 바로 임실군법원 주변에 있는 수납은행을 확인한 후 이동하시
면 편리하며 그 수납은행의 창구에 인지(소송등 인지의 현금납부
서) 3장으로 구성된 것을 작성하고 송달료(예납·추납)납부서 3장
으로 구성된 것을 같이 작성해 내시면 수납창구에서 인지에 대해
서는 소송등 인지의 현금영수필확인서와 같은 영수증을 돌려주고
송달료에 대해서는 법원제출용과 영수증을 주면 영수증은 잘 보관
하시고 임실군법원 안에 보시면 지급명령신청 독촉계로 찾아가 내
시면 바로 '차' 자로 된 사건번호를 적어오면 그 다음날 오후부터
대법원 나의 사건 검색창에서 위 사건번호로 사건진행상황을 모두
확인할 수 있습니다.

전주지방법원에 접수하실 경우 법원 안에는 수납은행이 상주하
고 있으므로 그 수납은행의 창구에 인지(소송등 인지의 현금납부
서) 3장으로 구성된 것을 작성하고 송달료(예납·추납)납부서 3장
으로 구성된 것을 같이 작성해 내시면 수납창구에서 인지에 대해
서는 소송등 인지의 현금영수필확인서와 같은 영수증을 돌려주고
송달료에 대해서는 법원제출용과 영수증을 주면 영수증은 잘 보관
하시고 전주지방법원 안에 있는 종합민원실로 가서 지급명령신청
독촉계에 내시면 '차' 자로 된 사건번호를 적어오면 그 다음날 오
후부터 대법원 나의 사건 검색창에서 위 사건번호로 사건진행상황
을 모두 확인할 수 있습니다.

또한 직접 법원으로 가실 수 없는 경우에는 위와 같이 지급명령신청서 1통, 당사자표시 4통을 작성하여 수납은행에서 인지와 송달료를 수납하고 가까운 우체국으로 가서 위 해당하는 법원의 독촉사건 담당자 앞으로 보내신 후 3일 후 접수한 법원으로 전화하여 사건번호를 물어보시면 사건번호를 알려줍니다.

물품대금청구 제품을 제조 생산하여 공급 판매하였으나 그 대금을 지급하지 않아 공급일로부터 상법상의 이자와 원금을 청구하는 사례

지급명령신청서

채 권 자 : ○   ○   ○

채 무 자 : ○   ○   ○

소송물 가액금	금	10,500,000원
첨부할 인지액	금	5,200원
첨부한 인지액	금	5,200원
납부한 송달료	금	54,000원
비 고		

의정부지방법원 가평군법원 귀중

지급명령신청서

1. 채권자

성 명	○ ○ ○	주민등록번호	생략
주 소	경기도 가평군 가화로 ○○○, ○○○호		
직 업	기계공업	사무실 주 소	생략
전 화	(휴대폰) 010 - 3354 - 0000		
대리인에 의한 신 청	☐ 법정대리인 (성명 : , 연락처) ☐ 소송대리인 (성명 : 변호사, 연락처)		

2. 채무자

성 명	○ ○ ○	주민등록번호	생략
주 소	경기도 양평군 양근로 ○○, ○○○-○○○호		
직 업	식당업	사무실 주 소	생략
전 화	(휴대폰) 010 - 9809 - 0000		
기타사항	이 사건 채무자입니다.		

3. 물품대금 청구의 독촉사건

신청취지

채무자는 채권자에게 금 10,500,000원 및 이에 대한 ○○○○. ○○. ○○.부터 이 사건 지급명령정본을 송달받은 날까지는 연 6%의, 그 다음날부터 다 갚는 날까지는 연 15%의 비율에 의한 금액 및 아래

독촉절차비용을 합한 금액을 지급하라는 지급명령을 구합니다.

- 아 래 -

금   59,200 원   독촉절차비용

- 내 역 -

금   5,200 원   수입인지
금   54,000 원   송달료

신 청 이 유

1. 채권자는 주소지에서 주방용품을 주물로 생산하여 판매하는 개
   인사업자이고, 채무자는 주소지에서 주방용품을 판매하는 소
   매점을 운영하고 있습니다.

2. 채권자는 채무자의 요청에 의하여 ○○○○. ○○. ○○. 별지
   첨부한 거래명세서와 같이 채권자가 생산하는 주방용주물제품
   을 금 10,500,000원을 채무자에게 공급하여 판매하였습니다.

3. 그러나 채무자는 채권자에게 주방용주물제품을 인수와 동시 그
   대금을 지급하기로 하였음에도 불구하고 채권자가 주방용주물
   제품을 ○○○○. ○○. ○○.완료하였으나 현재에 이르기까
   지 금 10,500,000원을 차일피일 지체하면서 지급하지 않고 있
   습니다.

4. 따라서 채권자는 채무자로부터 위 물품대금 금 10,500,000원 및 이에 대한 채권자가 주방용주물제품을 채무자에게 공급한 그 다음날인 ○○○○. ○○. ○○.부터 이 사건 지급명령정본을 송달받은 날까지는 상법에서 정한 연 6%의 그 다음날부터 다 갚는 날까지는 소송촉진 등에 관한 특례법에서 정한 연 15%의 비율에 의한 지연손해금 및 독촉절차비용을 합한 금액의 지급을 받기 위하여 이 사건 지급명령신청에 이른 것입니다.

소명자료 및 첨부서류

1. 소 갑제1호증   거래명세서
1. 송달료납부서
1. 인지납부확인서

○○○○ 년 ○○ 월 ○○ 일

위 채권자 : ○ ○ ○   (인)

의정부지방법원 가평군법원 귀중

당사자표시

1. 채권자

성 명	○ ○ ○	주민등록번호	생략
주 소	경기도 가평군 가화로 ○○○, ○○○호		
직 업	기계공업	사무실 주 소	생략
전 화	(휴대폰) 010 - 3354 - 0000		
대리인에 의한 신 청	□ 법정대리인 (성명 : , 연락처) □ 소송대리인 (성명 : 변호사, 연락처)		

2. 채무자

성 명	○ ○ ○	주민등록번호	생략
주 소	경기도 양평군 양근로 ○○, ○○○-○○○호		
직 업	식당업	사무실 주 소	생략
전 화	(휴대폰) 010 - 9809 - 0000		
기타사항	이 사건 채무자입니다.		

3. 물품대금 청구의 독촉사건

신청취지

채무자는 채권자에게 금 10,500,000원 및 이에 대한 ○○○○. ○○. ○○.부터 이 사건 지급명령정본을 송달받은 날까지는 연 6%의, 그 다음날부터 다 갚는 날까지는 연 15%의 비율에 의한 금액 및 아래

독촉절차비용을 합한 금액을 지급하라는 지급명령을 구합니다.

- 아   래 -

금   59,200 원   독촉절차비용

- 내   역 -

금   5,200 원   수입인지
금   54,000 원   송달료

신 청 이 유

1. 채권자는 주소지에서 주방용품을 주물로 생산하여 판매하는 개
   인사업자이고, 채무자는 주소지에서 주방용품을 판매하는 소매
   점을 운영하고 있습니다.

2. 채권자는 채무자의 요청에 의하여 ○○○○. ○○. ○○. 별지
   첨부한 거래명세서와 같이 채권자가 생산하는 주방용주물제품
   을 금 10,500,000원을 채무자에게 공급하여 판매하였습니다.

3. 그러나 채무자는 채권자에게 주방용주물제품을 인수와 동시 그
   대금을 지급하기로 하였음에도 불구하고 채권자가 주방용주물
   제품을 ○○○○. ○○. ○○.완료하였으나 현재에 이르기까
   지 금 10,500,000원을 차일피일 지체하면서 지급하지 않고 있
   습니다.

4. 따라서 채권자는 채무자로부터 위 물품대금 금 10,500,000원 및
   이에 대한 채권자가 주방용주물제품을 채무자에게 공급한 그 다
   음날인 ○○○○. ○○. ○○.부터 이 사건 지급명령정본을 송
   달받은 날까지는 상법에서 정한 연 6%의 그 다음날부터 다 갚
   는 날까지는 소송촉진 등에 관한 특례법에서 정한 연 15%의 비
   율에 의한 지연손해금 및 독촉절차비용을 합한 금액의 지급을
   받기 위하여 이 사건 지급명령신청에 이른 것입니다.

                                                    - 끝 -

접수방법

1. 관할법원

　이 사건은 대체물인 물품대금을 청구하는 사건으로서 채권자의 주소지 관할법원은 의정부지방법원 가평군법원이고, 채무자의 주소지는 수원지방법원 여부지원 양평군법원이므로 채권자는 의무이행지인 채권자의 주소지 법원인 의정부지방법원 양평군법원에 지급명령을 신청할 수 있고, 채무자의 보통재판적 주소지는 수원지방법원 여주지원 양평군법원도 관할법원이므로, 채권자는 아래와 같이 기재한 편리한 곳의 법원을 선택하여 지급명령신청을 하시면 됩니다.

　　의정부지방법원 가평군법원
　　경기도 가평군 가화로 180,
　　전화번호 031) 582 - 9747

　　수원지방법원 여주지원 양평군법원
　　경기도 양평군 양근로 154,
　　전화번호 031) 772 - 5996, 5998

2. 수입인지 계산

　이 사건은 청구금액이 금 10,500,000이므로 10,500,000×0.0045

+5,000÷10= 5,225원입니다.

산출된 인지액이 1,000원 미만인 때에는 1,000원의 인지를 붙여야 하고, 1,000원 이상인 경우 100원 미만의 단수가 있는 때에는 그 단수는 계산하지 않으므로 실제 납부할 인지액은 끝부분 25원은 버리고 금 5,200원입니다.

3. 송달료금 계산

송달료는 1회분이 4,500원입니다.

이 사건은 채권자1인 채무자1인이므로 각 6회분씩 총 12회분의 금 54,000원이 됩니다.

4. 준비서류

1) 지급명령신청서 1통, 2) 당사자표시 3통, 3) 수입인지 납부서 1통, 4) 송달료 납부서 1통, 5) 소 갑제1호증의 거래명세서를 첨부

5. 제출하는 방법

채권자는 의정부지방법원 가평군법원에 지급명령을 신청할 경우 먼저 지급명령신청서에 소 갑제1호증 거래명세서를 첨부하여 1

통을 작성하고 이어서 당사자표시는 3통을 작성해 가평군법원 전화번호 031) 582-9747으로 전화하여 인지 및 송달료의 수납은행을 확인하고 이동하시고 대부분 법원주변에 있는 농협은행 창구의 용지함에 보시면 인지(소송등 인지의 현금납부서) 3장으로 구성된 것을 작성하고 송달료(예납·추납)납부서 3장으로 구성된 것을 같이 작성해 수납은행 창구에 내시면 수납창구에서 인지에 대해서는 소송등 인지의 현금영수필확인서와 같은 영수증을 돌려주고 송달료에 대해서는 법원제출용과 영수증을 주면 영수증은 잘 보관하시고 가평군법원 안에 있는 독촉사건(지급명령) 창구에 내시면 '차' 자로 된 사건번호를 적어오면 그 다음날 오후부터 대법원 나의 사건 검색창에서 위 사건번호로 사건진행상황을 모두 확인할 수 있습니다.

채권자는 수원지방법원 여주지원 양평군법원에 지급명령을 신청할 경우 먼저 지급명령신청서에 소 갑제1호증 거래명세서를 첨부하여 1통을 작성하고 이어서 당사자표시는 3통을 작성해 가평군법원 전화번호 031) 772-5996, 5998 으로 전화하여 인지 및 송달료의 수납은행을 확인하고 이동하시고 수납은행의 용지함에 보시면 인지(소송등 인지의 현금납부서) 3장으로 구성된 것을 작성하고 송달료(예납·추납)납부서 3장으로 구성된 것을 같이 작성해 수납은행 창구에 내시면 수납창구에서 인지에 대해서는 소송등 인지의 현금영수필확인서와 같은 영수증을 돌려주고 송달료에 대해서는 법원제출용과 영수증을 주면 영수증은 잘 보관하시고 양평군법원 안에 있는 독촉사건(지급명령) 창구에 내시면 '차' 자로 된 사건번호를 적어오면 그 다음날 오후부터 대법원 나의 사건 검색창에서 위 사건번호로 사건진행상황을 모두 확인할 수 있습니다.

　직접 위의 법원을 선택하여 등기우편으로 보내실 경우 위와 같이 지급명령신청서 1통, 당사자표시 3통, 인지납부확인서, 송달료금납부서를 준비하여 가까운 우체국으로 가서 위 주소로 보내신 후 3일 후 접수하신 법원으로 전화하여 지급명령신청에 대한 사건번호를 물어보시면 사건번호를 불러줍니다.

물품대금청구 보증인을 세우고 제품을 가공하여 공급하였으나 대금을 지급하지 않아 공급일로부터 상법에서 정한 지연이자 등을 청구하는 사례

지급명령신청서

채 권 자 : ○   ○   ○

채 무 자 : ○   ○   ○ 외1

소송물 가액금	금 33,700,000원	
첨부할 인지액	금 15,600원	
첨부한 인지액	금 15,600원	
납부한 송달료	금 81,000원	
비 고		

광주지방법원 곡성군법원 귀중

지급명령신청서

1. 채권자

성 명	○ ○ ○	주민등록번호	생략
주 소	전라남도 곡성군 곡성읍 ○○로 ○○, ○○○호		
직 업	농업	사무실 주 소	생략
전 화	(휴대폰) 010 - 4566 - 0000		
기타사항	이 사건 채권자입니다.		

2. 채무자1

성 명	○ ○ ○	주민등록번호	생략
주 소	광주시 동구 ○○로 ○○○, ○○○호		
직 업	상업	사무실 주 소	생략
전 화	(휴대폰) 010 - 1288 - 0000		
기타사항	이 사건 채무자1입니다.		

채무자2

성 명	○ ○ ○	주민등록번호	생략
주 소	전라남도 곡성군 곡성읍 ○○로 ○○,		
직 업	상업	사무실 주 소	생략
전 화	(휴대폰) 010 - 2114 - 0000		
기타사항	이 사건 채무자2입니다.		

3. 물품대금 청구의 독촉사건

신청취지

채무자들은 연대하여 채권자에게 금 33,700,000원 및 이에 대한 ○○○○. ○○. ○○.부터 지급명령정본이 송달된 날까지는 연 6%의 그 다음날부터 다 갚는 날까지는 연 15%의 각 비율에 의한 금원 및 아래 독촉절차비용을 합한 금액을 지급하라는 지급명령을 구합니다.

- 아   래 -

금   96,600 원   독촉절차비용

- 내   역 -

금   15,600 원   수입인지
금   81,000 원   송달료

신청이유

1. 채권자는 주소지에서 농산물을 가공하여 판매하는 농민이고, 채무자1은 농산물 가공제품을 판매하는 개인사업자이며, 채무자2는 채무자1에 대한 보증인입니다.

2. 채권자는 채무자1이 찾아와 채권자가 가공 생산하는 제품의 공급을 의뢰하여 안면이 없는 사람이라 보증인을 세울 것을 요

구하자 채무자2를 보증인으로 세우고 ○○○○. ○○. ○○. 부터 ○○○○. ○○. ○○.까지 총 9회에 걸쳐 별지 거래명세서와 같이 총 금 33,700,000원의 물품을 공급하였으나 채무자들은 현재에 이르기까지 지급하지 않고 있습니다.

3. 이에 채권자는 채무자1과 채무자2에게 문자메시지 등으로 위 물품대금의 지급을 독촉하였으나 지급하지 않고 있습니다.

4. 따라서 채권자는 채무자들로부터 위 물품대금 33,700,000원 및 이에 대한 채권자가 농산물 가공식품을 공급한 그 다음날인 ○○○○. ○○. ○○.부터 이 사건 지급명령정본을 송달받은 날까지는 상법에 정한 연 6%의, 그 다음날부터 다 갚는 날까지는 소송촉진 등에 관한 특례법에서 정한 연 15%의 비율에 의한 지연손해금 및 독촉절차비용을 합한 금액의 지급을 받기 위하여 이 사건 지급명령신청에 이른 것입니다.

소명자료 및 첨부서류

1. 소 갑제1호증   거래내역서
1. 소 갑제2호증   보증사항
1. 송달료납부서
1. 인지납부확인서

○○○○ 년 ○○ 월 ○○ 일

위 채권자 : O O O (인)

광주지방법원 곡성군법원 귀중

당사자표시

1. 채권자

성 명	○ ○ ○	주민등록번호	생략
주 소	전라남도 곡성군 곡성읍 ○○로 ○○, ○○○호		
직 업	농업	사무실 주 소	생략
전 화	(휴대폰) 010 - 4566 - 0000		
기타사항	이 사건 채권자입니다.		

2. 채무자1

성 명	○ ○ ○	주민등록번호	생략
주 소	광주시 동구 ○○로 ○○○, ○○○호		
직 업	상업	사무실 주 소	생략
전 화	(휴대폰) 010 - 1288 - 0000		
기타사항	이 사건 채무자1입니다.		

채무자2

성 명	○ ○ ○	주민등록번호	생략
주 소	전라남도 곡성군 곡성읍 ○○로 ○○,		
직 업	상업	사무실 주 소	생략
전 화	(휴대폰) 010 - 2114 - 0000		
기타사항	이 사건 채무자2입니다.		

3.물품대금 청구의 독촉사건

신청취지

채무자들은 연대하여 채권자에게 금 33,700,000원 및 이에 대한 ○○○○. ○○. ○○.부터 지급명령정본이 송달된 날까지는 연 6%의 그 다음날부터 다 갚는 날까지는 연 15%의 각 비율에 의한 금원 및 아래 독촉절차비용을 합한 금액을 지급하라는 지급명령을 구합니다.

- 아 래 -

금   96,600 원   독촉절차비용

- 내 역 -

금   15,600 원   수입인지
금   81,000 원   송달료

신청이유

1. 채권자는 주소지에서 농산물을 가공하여 판매하는 농민이고, 채무자1은 농산물 가공제품을 판매하는 개인사업자이며, 채무자2는 채무자1에 대한 보증인입니다.

2. 채권자는 채무자1이 찾아와 채권자가 가공 생산하는 제품의 공급을 의뢰하여 안면이 없는 사람이라 보증인을 세울 것을 요

구하자 채무자2를 보증인으로 세우고 ○○○○. ○○. ○○. 부터 ○○○○. ○○. ○○.까지 총 9회에 걸쳐 별지 거래명세서와 같이 총 금 33,700,000원의 물품을 공급하였으나 채무자들은 현재에 이르기까지 지급하지 않고 있습니다.

3. 이에 채권자는 채무자1과 채무자2에게 문자메시지 등으로 위 물품대금의 지급을 독촉하였으나 지급하지 않고 있습니다.

4. 따라서 채권자는 채무자들로부터 위 물품대금 33,700,000원 및 이에 대한 채권자가 농산물 가공식품을 공급한 그 다음날인 ○○○○. ○○. ○○.부터 이 사건 지급명령정본을 송달받은 날까지는 상법에 정한 연 6%의, 그 다음날부터 다 갚는 날까지는 소송촉진 등에 관한 특례법에서 정한 연 15%의 비율에 의한 지연손해금 및 독촉절차비용을 합한 금액의 지급을 받기 위하여 이 사건 지급명령신청에 이른 것입니다.

- 끝 -

접수방법

1. 관할법원

　　위 사건은 대체물인 물품대금을 청구하는 사건이므로 의무이행지인 채권자의 주소지인 광주지방법원 곡성군법원이 관할법원이고, 채무자1의 보통재판적 주소지인 광주지방법원이고 채무자2의 보통재판적 주소지인 광주지방법원 곡성군법원이 관할법원이 되기 때문에 채권자는 편리하다고 생각되는 다음의 관할법원을 선택하여 지급명령신청을 하시면 됩니다.

　　광주지방법원 곡성군법원
　　전라남도 곡성군 공성읍 곡성로 845,(읍내리 252)
　　전화번호 061) 363 - 0073

　　광주지방법원
　　광주광역시 동구 준법로 7-12(지산동)
　　전화번호 062) 239 - 1114

2. 수입인지 계산

　　이 사건은 청구금액이 금 33,700,000이므로 33,700,000×0.0040 +55,000÷10= 15,665원입니다.

여기서 산출된 인지액이 1,000원 미만인 때에는 1,000원의 인지를 붙여야 하고, 1,000원 이상인 경우 100원 미만의 단수가 있는 때에는 그 단수는 계산하지 아니합니다.

그러므로 채권자가 실제 납부할 인지액은 끝부분 65원은 버리면 금 15,600원을 납부하시면 됩니다.

3. 송달료금 계산

송달료는 1회분이 4,500원입니다.

이 사건은 채권자1인 채무자2인이므로 각 6회분씩 총 18회분의 금 81,000원이 됩니다.

4. 준비서류

1) 지급명령신청서 1통, 2) 당사자표시 4통, 3) 수입인지 납부서 1통, 4) 송달료 납부서 1통, 5) 소 갑제1호증 거래내역서, 소 갑제2호증 보증사항, 첨부

5. 제출하는 방법

채권자는 지급명령신청서에 소 갑제1호증 거래내역서, 소 갑제2호증 보증사항을 첨부하여 1통을 프린트하고 이어서 당사자

표시 4통을 작성하시고

　　광주지방법원 곡성군법원에 접수하실 경우 곡성군법원에는 수납은행이 상주하지 않으므로 먼저 곡성군법원 전화번호 061) 363-0073으로 전화하여 인지 및 송달료의 수납은행을 알려달라고 하면 바로 곡성군법원 주변에 있는 수납은행을 확인한 후 이동하시면 편리하며 그 수납은행의 창구에 인지(소송등 인지의 현금납부서) 3장으로 구성된 것을 작성하고 송달료(예납·추납)납부서 3장으로 구성된 것을 같이 작성해 내시면 수납창구에서 인지에 대해서는 소송등 인지의 현금영수필확인서와 같은 영수증을 돌려주고 송달료에 대해서는 법원제출용과 영수증을 주면 영수증은 잘 보관하시고 곡성군법원 안에 보시면 지급명령신청 독촉계로 찾아가 내시면 바로 '차' 자로 된 사건번호를 적어오면 그 다음날 오후부터 대법원 나의 사건 검색창에서 위 사건번호로 사건진행상황을 모두 확인할 수 있습니다.

　　광주지방법원에 접수하실 경우 법원 안에는 수납은행이 상주하고 있으므로 그 수납은행의 창구에 인지(소송등 인지의 현금납부서) 3장으로 구성된 것을 작성하고 송달료(예납·추납)납부서 3장으로 구성된 것을 같이 작성해 내시면 수납창구에서 인지에 대해서는 소송등 인지의 현금영수필확인서와 같은 영수증을 돌려주고 송달료에 대해서는 법원제출용과 영수증을 주면 영수증은 잘 보관하시고 광주지방법원 안에 있는 종합민원실로 가서 지급명령신청 독촉계에 내시면 '차' 자로 된 사건번호를 적어오면 그 다음날 오후부터 대법원 나의 사건 검색창에서 위 사건번호로 사건진행상황을 모두 확인할 수 있습니다.

　또한 직접 법원으로 가실 수 없는 경우에는 위와 같이 지급명령신청서 1통, 당사자표시 4통을 작성하여 수납은행에서 인지와 송달료를 수납하고 가까운 우체국으로 가서 위 해당하는 법원의 독촉사건 담당자 앞으로 보내신 후 3일 후 접수한 법원으로 전화하여 사건번호를 물어보시면 사건번호를 알려줍니다.

제7절 /

지급명령(독촉절차) 인터넷신청

1. 신청서 제출

　　지급명령(독촉절차) 인터넷신청은 전자독촉시스템/인터넷(대법원 홈페이지 인터넷 http://scuet.go.kr)을 통하여 사건정보, 채권자정보, 채무자정보, 대리인정보, 첨부서류 순으로 지급명령신청서를 작성하고 소송비용은 지급명령신청서 제출 직전에 전자적으로 납부할 수 있으며 소송비용이 납부된 경우에만 지급명령신청서가 인터넷을 통하여 법원에 제출됩니다.

2. 신청서 작성

　　대법원 홈페이지 전자파일링에서의 지급명령신청은 본인이 직접 작성한 지급명령신청서를 전자적으로 제출할 수 있으며, 제출자는 사전에 독촉사건 전자파일링 시스템에 사용자 등록을 하여야 합니다.

　　본인이 직접 제출하고자 할 때는 본인의 공인인증서를 사용하며, 공인인증서를 사용하여 시스템에 로그인합니다.

　　제출자가 법인일 경우에는 법인의 공인인증서를 사용하여야 합니다.

　지급명령신청서 작성은 1) 사건정보입력, 2) 채권자 정보입력, 3) 채무자 정보입력, 4) 대리인 정보입력, 5) 첨부서류 입력 등으로 5단계로 이루어져 있으며, 각 단계를 순서대로 작성한 후, 인지액, 송달료를 전자지불(납부)하면 독촉사건 전자파일링 시스템은 자동으로 지급명령신청서를 생성하여 제출할 수 있게 합니다.

3. 사건의 접수

　채권자가 지급명령신청서를 제출하면 전자독촉시스템은 사건을 접수하고 제출결과화면에 접수된 사건번호 확인이 가능합니다.

4. 지급명령 결정

　법관은 인터넷으로 신청한 지급명령신청서를 검토하여 1) 지급명령결정, 2) 보정명령, 3) 소송절차회부결정을 하게 됩니다.

5. 채무자에게 송달

　지급명령결정은 채무자에게 특별송달 우편으로 송달합니다.

6. 주소보정 명령

채권자가 지급명령신청서에 기입한 주소에 채무자가 실제로 거주하지 않는 등의 이유로 지급명령정본이 송달되지 않으면 채권자는 채무자의 주소를 보정하여야 합니다.

주소보정이 어려울 경우에는 지급명령신청서를 소제기 신청을 할 수 있습니다.

주소보정명령은 대법원 인터넷 '문서확인 및 제출'의 '명령결정확인'에서 확인하고 '주소보정서제출' 메뉴에서 보정하여 제출하면 됩니다.

전자송달한 지 2주일(14일)이 지나면 명령/결정을 확인한 것으로 간주되고 채권자가 보정기간을 도과한 경우에는 지급명령신청서가 각하되기 때문에 채권자는 이점을 각별히 주의할 필요가 있습니다.

7. 이의신청

채권자는 대법원 인터넷에서 '명령결정 등 확인' 메뉴에서 이의신청통지서를 확인하고 '이의신청/소송절차회부서 인지액 등 보정'에서 전자결제로 인지액 등을 보정하여야 합니다.

8. 지급명령 확정

채무자에게 지급명령정본이 송달한 후 2주일(14일)이 지나도 채무자가 이의신청을 하지 않으면 사건은 지급명령결정으로 확정되고 채권자는 대법원 인터넷에서 '명령결정확인' 메뉴에서 지급명령결정을 확인하고 법적인 효력이 있는 지급명령결정 정본을 출력할 수 있습니다.

▣ **대한실무법률편찬연구회** ▣

연구회 발행도서
-2018년 소법전
-법률용어사전
-고소장 장석방법과 실무
-탄원서 의견서 작성방법과 실무
-소액소장 작성방법과 실무
-항소 항고 이유서 작성방법과 실제
-지급명령 신청방법

물품대금 지급명령
신청과 사례작성방법의 실제 　　　　정가　16,000원

2018年 8月　5日 1판 인쇄 2018年 8月 10日 1판 발행 편　　　저 : 대한실무법률편찬연구회 발 행 인 : 김　현　호 발 행 처 : 법문 북스 공 급 처 : 법률미디어	

서울 구로구 경인로 54길4 (우편번호 : 08278)
TEL : (02)2636-2911~2,　FAX : (02)2636~3012
등록 : 1979년 8월 27일 제5-22호
Home : www.lawb.co.kr

❚ ISBN 978-89-7535-683-4 (13360)
❚ 이 도서의 국립중앙도서관 출판예정도서목록(CIP)은 서지정보유통지원시스템 홈페이
　지(http://seoji.nl.go.kr)와 국가자료공동목록시스템(http://www.nl.go.kr/kolisnet)에서
　이용하실 수 있습니다. (CIP제어번호 : CIP2018023929)
❚ 파본은 교환해 드립니다.
❚ 본서의 무단 전재·복제행위는 저작권법에 의거, 3년 이하의
　징역 또는 3,000만원 이하의 벌금에 처해집니다.

분쟁의 소지가 있는 사항들을 심층 분석하고
일목요연하게 집필 하여
유익하고 활용가치가 높은 실질사례서식

ISBN 978-89-7535-683-4

16,000원